Vivo Até a Morte

Paul Ricoeur

Vivo Até a Morte

seguido de

Fragmentos

Prefácio
OLIVIER ABEL

Posfácio
CATHERINE GOLDENSTEIN

Tradução
EDUARDO BRANDÃO

wmf martinsfontes

Esta obra foi publicada originalmente em francês com o título
VIVANT JUSQU'À LA MORT SUIVI DE FRAGMENTS
por Éditions du Seuil

Cet ouvrage a bénéficié du soutien des Programmes d'aide à la publication de l'Institut français.
Este livro contou com a ajuda dos Programas de apoio à publicação do Institut français.

1ª edição *2012*
2ª edição *2022*

Tradução
EDUARDO BRANDÃO

Acompanhamento editorial
Márcia Leme
Preparação do original
Luciana Veit
Revisões
Ana Maria de O. M. Barbosa
Margareth Presser
Edição de arte
Adriana Maria Porto Translatti
Produção gráfica
Geraldo Alves
Paginação
Studio 3 Desenvolvimento Editorial
Capa
Katia Harumi Terasaka Aniya

Dados Internacionais de Catalogação na Publicação (CIP)
(Câmara Brasileira do Livro, SP, Brasil)

Ricoeur, Paul, 1913-2005.
Vivo até a morte : seguido de fragmentos / Paul Ricoeur ; prefácio Olivier Abel ; posfácio Catherine Goldenstein ; tradução Eduardo Brandão. – 2ª ed. – São Paulo : Editora WMF Martins Fontes, 2022.

Título original: Vivant jusqu'à la mort : suivi de Fragments.
ISBN 978-85-469-0360-3

1. Morte – Aspectos psicológicos 2. Morte – Aspectos religiosos – Cristianismo 3. Ressurreição I. Abel, Olivier. II. Goldenstein, Catherine. III. Título.

22-101423 CDD-128.5

Índices para catálogo sistemático:
1. Morte : Antropologia filosófica 128.5

Eliete Marques da Silva - Bibliotecária - CRB-8/9380

Editora WMF Martins Fontes Ltda.
Rua Prof. Laerte Ramos de Carvalho, 133 01325.030 São Paulo SP Brasil
Tel. (11) 3293.8150 e-mail: info@wmfmartinsfontes.com.br
http://www.wmfmartinsfontes.com.br

ÍNDICE

PREFÁCIO

Paul Ricoeur pensou incessantemente na separação entre o tempo da escrita, que pertence ao tempo mortal de uma vida singular, e o tempo da publicação, que abre o tempo da obra para uma "durabilidade ignorante da morte". O autor é, conforme escrevia em seu fragmento sobre Watteau, como que obrigado a se encerrar tristemente no âmbito limitado do tempo mortal, enquanto seus escritos, seus pensamentos podem se excetuar desse âmbito e se reinserir no tempo trans-histórico "da recepção da obra por outros viventes que têm seu tempo próprio".

Algo portanto está agora como que acabado. E esse fechamento da obra é a condição de sua abertura à interpretação, como Ricoeur disse incessantemente das obras em geral, que soltam as amarras com as intenções do autor e com o contexto inicial. Os fragmentos propostos aqui à leitura conservam no entanto algo de inacabado; são no mais das vezes bosquejos, esboços, rascunhos, que ele provavelmente teria deixado de lado depois de uma nova redação, que não ocorreu. Não há que superestimar sua importância. Mas, por outro lado, como guardar para nós, nos documentos do Fundo Ricoeur[1], fragmentos em que se sente tão bem o gesto vivo, o estilo, a maneira de pensar de Ricoeur, exatamente no que ela tem de vivo, e, nesse sentido, de inacabado, de interrompido pela morte? Maneira de ver um pensamento em atividade, ou antes, quase em ação, com o que esta tem de fugaz, justamente, de vulnerável e de efêmero – e de testemunho precioso, intencionalmente deixado pelo autor.

À guisa de prefácio, gostaria apenas de ressaltar algumas grandes linhas dessa meditação de Ricoeur em torno da morte[2], sobre as três questões que ele anuncia no inverno de 1995-1996 como seu programa e que parecem abranger até seus derradeiros fragmentos: 1) "As figuras do imaginário" (o que posso representar?); 2) "Do luto e do júbilo" (qual é sua raiz?); 3) "Sou ainda cristão?" (e em que não sou um filósofo cristão?). Entre essas questões intercalarei a do sentido da ressurreição, que retorna várias vezes, como se se tratasse de uma representação demasiado radical, justamente demasiado anicônica[3], para ser eliminada. Não desenvolverei essas questões co-

1. Paul Ricoeur legou sua biblioteca de trabalho pessoal e os arquivos relacionados à sua obra à biblioteca da Faculté Libre de Théologie Protestante de Paris (83, bd Arago, 75014, Paris). A criação do Fonds Ricoeur responde a essa generosa doação (www.fondsricoeur.fr).

2. O título exato do primeiro conjunto de manuscritos é "Jusqu'à la mort. Du deuil et de la gaieté" [Até a morte. Do luto e do júbilo].

3. Sem imagem, sem figura possível.

mo especialista no pensamento do filósofo, porque não consigo me decidir a representar esse papel. Tentarei, antes, fazê-lo na amizade de uma conversa interrompida, uma conversa entre tantas outras que ele mantinha. Se eu tivesse de reter apenas um dizer desse Ricoeur amistoso, me lembraria do que ele me dirigiu num momento um pouco triste para mim: "Viva, ora!". Ele dizia também que havia duas coisas difíceis de aceitar na vida, de aceitar verdadeiramente: a primeira é que somos mortais; a segunda, que não podemos ser amados por todo o mundo.

O luto das representações

Para compreender bem seu procedimento, é necessário partir da sobriedade, poderíamos dizer até mesmo da ascese de imaginação, com a qual Ricoeur aborda essas questões. Ele começa por desbravar o imaginário, por analisar de maneira crítica nossas representações. Nesse ensaio sobre o luto, que esboça sob certos aspectos as páginas muito mais desenvolvidas de *La Mémoire, l'Histoire, l'Oubli* [*A memória, a história, o esquecimento*][4], ele trata primeiro da impossibilidade de figurar o que são e onde estão agora nossos próximos já mortos; depois, da impossibilidade de se imaginar morto, ou mesmo moribundo; enfim, do caráter informe da massa indistinta dos mortos

4. Paris: Seuil, 2000. [Trad. bras.: *A memória, a história, o esquecimento*. Campinas: Unicamp, 2008.]

como que pegos pelo contágio de uma morte que mata. Mas por essa clarificação e por um trabalho da memória que cura a imaginação falsa, trata-se de trazer esse rio imaginário de volta para o seu leito e de não mais deixá--lo extravasar. Essa ascese requer uma clarificação conceitual que possui, ela própria, um valor catártico, e é por tal clarificação que começa o texto sobre o luto; no mesmo sentido, finalmente, é por uma análise dos significados da palavra ressurreição que terminam aqui os *Fragmentos*.

Essa recusa de imaginar, de representar um além, de objetivar um além-mundo qualquer tem algo de agnóstico, no sentido próprio e rigoroso da crítica filosófica que não se deixa enganar e que prefere aprofundar a aporia, o impasse: o fim, aliás, no sentido da finitude, nos remete para um aquém, o do nosso mundo de vida, o único que temos[5]. E seria talvez necessária uma *aporética* da ressurreição para abrir a possibilidade de pensar sua *poética*? Mas esse "agnosticismo" não é, de resto, incompatível com o laconismo evangélico. Porque não nos "cabe saber", e o próprio Calvino, que em sua recusa do culto dos mortos havia pedido para ser jogado como os pobres na vala comum, afirmava que é preciso primeiro se esvaziar de toda preocupação com a própria salvação. Mas cuidado: não se trata de uma espécie de ascese estoica que seria uma pre-

---

5. Essa mudança de sinal do "limite" e essa "conversão ao aquém" podem ser relacionadas com o que Ricoeur diz a esse respeito em "Pierre Thévenaz, un philosophe protestant" (*Lectures 3*, Paris: Seuil, 1994) e em "La Liberté selon l'espérance" (*Le Conflit des interprétations* [O conflito das interpretações], Paris: Seuil, 1969).

paração para a morte, uma antecipação de si como "já cadáver"; ao contrário, desde a sua filosofia da vontade, Ricoeur não cessou de combater essa impossível antecipação, que ele critica em Heidegger[6].

É aqui que o luto das representações se revela um momento fundamental no trabalho do luto e da finitude aceitada de ter nascido e ser mortal, nessa dialética da recusa e do consentimento que ele explorou tão magnificamente outrora[7]. Como nunca cessar de se reunir, de procurar mostrar "quem" somos, de mobilizar nossas forças, nossas lembranças, nosso desejo, no que ele chama de a "insolência" de um apetite de viver que às vezes é uma luta, uma agonia, mas que mesmo assim é uma das formas profundas dessa despreocupação que ele chama aqui de júbilo? E como quase ao mesmo tempo consentir em ceder lugar a um outro eu que não conheço, a outros que não eu, como consentir em se apagar diante dos outros, nessa despreocupação consigo, nessa depreciação de si que seria a outra forma essencial do júbilo? Não é delicado o caminho entre o excessivo cuidado consigo mes-

6. Ele critica a sua hierarquia entre a autenticidade heroica da angústia do ser incessantemente confrontado com a morte e a banalização de um morrer inautêntico que foge da morte; e apela então para Espinosa, para quem a sabedoria é uma meditação não sobre a morte, mas sobre a vida, e sobre o permanecer "vivo até" (*La Mémoire, l'Histoire, l'Oubli, op. cit.*, pp. 465-6). "Levinas é claro e firme sobre o antes da morte, que só pode ser um ser-contra-a-morte, e não um ser-pela-morte" (*ibid.*, p. 470).

7. "Le chemin du consentement", em *Le Volontaire et l'Involontaire* [O voluntário e o involuntário] (Paris: Aubier, 1955), passa pelo estoicismo ou pelo consentimento imperfeito, o orfismo ou o consentimento hiperbólico, e termina num consentimento segundo a esperança.

mo do estoicismo e o excessivo descuido de si do orfismo, e isso "até o fim"? O limite, nesse sentido, revela uma oscilação íntima das nossas existências ordinárias. E a esperança se recolhe nessa sóbria fraternidade, quase franciscana, de *ser entre* as criaturas, mas sem renunciar a procurar ser si mesmo, até o fim, a manter seu lugar no momento em que cedemos nosso lugar.

Um júbilo essencial

É por isso que não se poderia separar o júbilo do luto: "Somente os enlutados serão consolados", escreve Ricoeur nas notas para o plano de manuscrito que o leitor encontrará em seguida. É esse talvez um dos seus locais de proximidade com Derrida: a melancolia não é uma coisa de que devamos nos libertar a qualquer custo, porque ela faz parte da nossa condição, de tal sorte que nosso real, para ser vivo, tem também de comportar a ausência do que não é mais mas que foi. A realidade não se deixa absorver nem por uma morte que não seria mais real do que qualquer vida, nem pela ilusão de que somente a vida é real e que toda morte pode se dissolver nela[8]. Mas o luto que devemos fazer de nossos caros ausentes se redireciona na antecipação do luto que nossos próximos terão de fazer de nós quando desaparecermos (*La Mémoire, l'Histoire, l'Oubli,*

8. Ricoeur propõe aqui uma passagem hesitante entre os textos de Jorge Semprún e de Primo Levi.

p. 468). Esse primeiro redirecionamento prepara o segundo, que é propriamente essencial e que ele chama de "transferência do nosso desejo de viver" aos outros – já volto a esse ponto.

O modelo dessa passagem já se situa no entanto na remissão mais originária ainda da morte ao nascimento, remissão a que Ricoeur procede nos anos 1950 em sua filosofia da vontade e que não cessa de repetir ao longo de *La Mémoire, l'Histoire, l'Oubli*. O luto da representação assinala a impossível experiência da sua própria morte como do seu próprio nascimento – que "ainda não" são ou "desde sempre" são, e que tomam a existência por um alongar-se em que o nascimento tem uma prioridade irreversível. Como ele recorda com Hannah Arendt: "Os homens não nasceram para morrer, mas para inventar" (*La Mémoire, l'Histoire, l'Oubli*, p. 636).

Existe portanto um vínculo íntimo entre o luto e o júbilo, entre a lamentação e o elogio. Da mesma maneira que o luto oscila entre a recusa e o consentimento, o júbilo oscila entre a luta ou o apetite de viver e a graça da despreocupação. Mais além do ponto de vista explicativo, depois do ponto de vista práxico, poderíamos encontrar uma analogia profunda entre a pura queixa que diz o sofrimento ao término de um pequeno ensaio, *Le Mal* [O mal], e o hino que diz a gratidão no fim de *Parcours de la reconnaissance* [Percurso do reconhecimento][9]. Em ambos

9. *Le Mal*, Genebra: Labor et Fides, 1986, 2004; *Parcours de la reconnaissance*, Paris: Stock, 2004, e Paris: Gallimard, "Folio Essais", 2005.

os casos, e é o essencial para compreender a recusa de Ricoeur de toda ideia de um Juízo Final[10], trata-se de sair de qualquer ideia de uma retribuição, de uma recompensa ou de uma punição; trata-se da graça, isto é, do absurdo no estado puro, da infelicidade como felicidade – mesmo que esse "momento budista" ainda seja sem dúvida de um estilo bastante protestante ou ligado à leitura de Jó.

Como quer que seja, estamos na proximidade do essencial dessa experiência da pura bondade de existir, como se a proximidade da morte fraturasse as limitações confessionais, descompartimentasse as línguas nas quais se enraizaram nossas experiências mais profundas. Os recursos da vida superam aqui as preocupações individuais e nos abrem, pela compaixão, para esse desejo de ser que são os outros seres. No entanto, ao mesmo tempo, quem morre está sempre só ao morrer, mesmo quando não morre sozinho mas acompanhado até o fim pela proximidade fraterna dos que são, então, verdadeiramente seus próximos.

O sentido da ressurreição

Esse luto da representação, ou de uma presença do ausente, se revela como a condição de uma experiência essencial da bondade do viver, seja na forma de um apeti-

10. Tais representações são para ele racionalizações teológico-políticas secundárias e ulteriores que devem ser desmanteladas pela desmitologização, a desconstrução dos mitos, que permite extrair deles o eventual núcleo.

toso desejo de existir que revida com veemência a ameaça vital, seja na forma do desapego e de uma despreocupação consigo repleta de gratidão. Ora, é notável que o último texto do pequeno tratado aqui apresentado, *Do luto e do júbilo,* intitulado"A morte", nos leva a um *pas de deux*. Temos agora duas outras linhas para dizer o essencial: a do desapego de si, mas que dessa vez prepara a transferência para o outro do amor à vida; e a da confiança na preocupação de Deus, que retoma, substitui e ampara minha despreocupação. Essa confiança numa ressurreição que não nos cabe imaginar assume várias representações exploratórias – entre elas, a de uma espécie de abandono de si à memória de Deus, em que cada existência faria uma diferença. Essa ideia, que Ricoeur toma de empréstimo a Whitehead, lhe parece uma maneira de esquematizar na forma de um *process* um presente eterno de que não temos nenhuma representação. Somos remetidos aqui do "agnóstico" da ressurreição à sua "poética".

Ricoeur distinguiu em *La Critique et la Conviction* [A crítica e a convicção] uma ressurreição horizontal, que passa pelos próximos, pela transmissão, recepção e substituição das minhas palavras, atos e pensamentos nos de outrem, e uma ressurreição vertical, na memória de um Deus poderoso o bastante para recapitular tudo no seu "hoje". No fim dos seus *Fragmentos,* ele recomeça, corajosamente, e distingue as significações de uma ressurreição como prova narrativa e consumação de uma promessa, como experiência primaveril de retomada da vida contra a morte e como limite escatológico e esperança no que ainda não é.

Permita-me o leitor me valer aqui de uma lembrança pessoal. Em fins de 1995, Paul me pediu para entabular uma correspondência com ele sobre a morte, a vida e o conjunto dessas interrogações. Dirigi-lhe em especial, em janeiro de 1996, uma carta de vinte páginas prolongando suas "confidências sem confissão"[11] em *La Critique et la Conviction,* no qual ele colocou sua meditação "sobre a renúncia à ideia de sobrevida sob o duplo sinal do desapego eckhartiano e do trabalho do luto freudiano. Para empregar uma linguagem que permanece por demais mítica, direi o seguinte: que Deus, quando da minha morte, faça de mim o que ele quiser. Não reclamo nada, não reclamo nenhum pós. Atribuo aos outros, meus sobreviventes, a tarefa de assumir o meu desejo de ser, o meu esforço para existir, no tempo dos vivos"[12].

Nesse momento, o ponto da nossa conversa não se referia à ressurreição, porque eu compartilhava inteiramente a sua recusa de buscar nela uma forma de sobrevida[13]; mas eu lhe exprimia minha desconfiança para com a ideia dessa imensa memória de um Deus em que as menores coisas seriam conservadas sem perda. Nela, eu via uma grande Mônada capaz de compreender tudo, de justificar tudo. Ele me disse sorrindo: "Eu teria de renunciar

11. São as palavras da sua dedicatória no meu exemplar.

12. *La Critique et la Conviction*, Paris: Calmann-Lévy, 1995. [Trad. bras.: *A crítica e a convicção*. São Paulo: Almedina Brasil, 2009.] Ver aqui mesmo, no início de "A morte", o trecho em que ele fala da confiança na graça.

13. Ricoeur nunca deixou de dizer que admitia todas as tradições veiculadas pelas tradições das Igrejas, ainda que se sentisse mais ou menos próximo ou distante delas, como se cada uma comportasse uma parte irredutível de experiência.

até a isso?" Cedi então, protestando, e propus me basear na pluralidade das formas de memória.

Em abril de 1999, demos prosseguimento à conversa numa viagem de uns dez dias, a dois, à Capadócia. Ele estava em plena redação do seu magnífico "três mastros", *La Mémoire, l'Histoire, l'Oubli*, e navegava através da melancolia da História rumo a uma filosofia quase bergsoniana da vida, como um rio flui para o seu estuário. O tema central da nossa conversa centrou-se então na Vida, tema que eu receava se prestasse à confusão e suprimisse as descontinuidades individuais. E, ao mesmo tempo que admirava essa coragem que ele tinha de optar incessantemente pelo desejo de viver, eu lhe lembrei no entanto que, nos textos mais radicais da tradição cristã, a Ressurreição não era nem o processo contínuo da Vida nem a imortalidade da alma, mas algo que responde à altura à descontinuidade real do nascimento e da morte, e que diz respeito à singularidade dos corpos vivos, dessas existências insubstituíveis que permanecem à margem do caminho da vida e nele se apagam sem que nada os substitua[14].

"Não sou um filósofo cristão"

Ora, é essa mesma a questão que Ricoeur coloca, a de um "salvamento infinitamente mais radical que a justificação dos pecadores: a justificação da existência". É isso

14. Por sinal, publiquei essa pequena reflexão com o título de "Élégie à la résurrection", na revista *Études*, na primavera de 2000.

que lhe parece ser o essencial da atitude de Jesus em face da morte. Porque este, se seguirmos as indicações de Xavier Léon-Dufour, se relaciona não a um futuro remoto, mas, por meio de uma desmitologização do juízo e inclusive do perdão, a uma espécie de outro presente – ampliado ao ainda-aqui do que foi e ao já-presente do que poderia ser. É essa a proximidade do reino, nos lírios dos campos e nos pássaros do céu, que, como observava Ricoeur com Kierkegaard, no fim de *La Mémoire, l'Histoire, L'Oubli,* eles não trabalham. Mas essa reflexão deve ser aproximada da questão indicativa dada no plano liminar do texto apresentado aqui: "Ainda sou cristão?" Questão discreta e isolada[15], mas que lança uma notável ambiguidade sobre o conjunto dos últimos fragmentos.

Não é inútil apontar, nos textos aqui reunidos, alguns elementos que abalam não apenas o preconceito quanto a Ricoeur ser um "filósofo cristão", mas também a imagem padrão e complacente segundo a qual ele teria sido até o fim um cristão resoluto. Havia nele uma dúvida radical, que deu credibilidade ao seu testemunho. Claro, ele explicita a sua fé como um nascimento, ao mesmo tempo assumido e relativo: "Um acaso transformado em destino por uma opção contínua." Mas já o vemos aqui guardando discretamente distância da noção de *pistis,* de fé entendida como adesão absoluta[16]. E ainda: se o problema

15. Data sem dúvida de cerca de 1996.

16. Renée Piettre, citada nestes *Fragmentos,* mostrou que a *pistis* havia sido de certo modo inventada pelos epicuristas para manifestar a radicalidade do engajamento e da conversão suposta pela adesão às teses do Jardim.

não é que a ressurreição replica à morte anunciando uma vida mais singular ainda depois da morte, nem que a graça responde ao pecado anunciando a abolição de todas as dívidas num dom primeiro e sem mérito, que pregação vai hoje responder e a que questão? A da existência como chance absurda; mas de quê?

Ou, para retomar a questão ao revés: qual é o verdadeiro "chamado" a que deve responder a responsabilidade da inteligência filosófica? E que fazer quando a *saga* bíblica inteira, que ao contrário da *Odisseia* se fazia passar por uma história "verdadeira", se revela em grande parte uma ficção teológico-política? Enfim, o que atormenta Ricoeur em sua relação com a figura de Jesus é a impossível alternativa de não ver nela mais que uma figura moral, excepcional mesmo, como fazem as teologias liberais protestantes, ou ao contrário ver nela a figura sacrificial do próprio Filho de Deus Pai, morrendo em nosso lugar. O que pode significar que ele morreu "por nós"? Devemos nos resignar ao moralismo um tanto banal da humanidade que finalmente alcançou a plena maioridade e perdeu em igual medida a veemência inframoral do desejo de viver e a loucura supramoral do dom de si sem retorno – ou da recepção de si por outrem? Ou devemos, ao contrário, nos decidir a aderir cegamente a uma teologia sacrificial que supõe um Deus vingativo, judiciário, cativo de suas próprias ameaças, promessas e retribuições?[17]

---

17. Foi nos últimos tempos da sua vida o objeto de uma conversa intensa com Hans-Christoph Askani, então professor da Faculté Protestante de Paris,

O que não dá margem a dúvida, em todo caso, é que Ricoeur recusa o atributo de"filósofo cristão". Um filósofo é de ponta a ponta filósofo, sem nada que possa entravar sua interrogação, pois tudo o que a entrava a aguça: ele conhece a condição aleatória de ter nascido numa língua e a pluralidade dos fenômenos humanos; e aceita se confrontar com tudo isso pela controvérsia, que reúne a dissimetria e a reciprocidade irredutíveis dos pontos de vista. Ricoeur fala inclusive da autarquia e da"autossuficiência" da pesquisa filosófica, expressão sem dúvida excessiva e pouco conforme à sua prática concreta da filosofia, sempre em diálogo com fontes e disciplinas não filosóficas, mas que diz, no ato, a veemência quase nietzschiana da sua afirmação filosófica. É portanto com o que ele é – esse tipo de inteligência, essa preocupação de explicar, essa paixão argumentativa – que o filósofo *responde* (de maneira responsável) ao apelo propriamente religioso que diz o surgimento primeiro, o prazer de existir, a devoção anônima e o redirecionamento para o resto do mundo.

Mas o que também emerge com muita força desse ensaio e desses fragmentos separados por quase uma década é a inversão pela qual a preocupação consigo é transportada aos outros. Não com um sacrifício, mas com um dom esquecidiço, uma ajuda incógnita[18], na qual o próximo

---

morador de Bourg-la-Reine. Procurando uma terceira via, Ricoeur se interessou pela conversão trágica do Deus das Erínias em Deus das Eumênides.

18. "Quando te vimos com fome e te demos de comer [...]? Todas as vezes que vós assim fizestes a um desses meus menores irmãozinhos, foi a mim que fizestes" (Mt 25), citado por Ricoeur em *Histoire et Vérité* [História e verdade], Paris: Seuil, 1964 (na coleção "Points Essais", p. 126).

é simplesmente aquele que se comportou como próximo – porque o tema do próximo determina uma inversão radical: um redirecionamento da preocupação que se separa de si para se transportar aos outros. Pode ser o pedido de que haja para os outros uma ressurreição que não peço para mim; pode ser, como se vê também no fragmento sobre Derrida, a entrega confiante nas mãos dos outros dos vestígios que deixo e que pedem para ser lembrados, reabertos, repensados; pode ser também o transporte aos outros do meu desejo de viver, no que ele tem de invulnerável, de mais forte que a morte. Talvez aí é que encontremos o cristão de expressão filosófica que é Paul Ricoeur, parecido com esse cristão de expressão pictórica que era Rembrandt ou com esse cristão de expressão musical que era Bach[19]. A questão não é mais, então, a da queixa infinita em relação a alguém que, como tão frequentemente aconteceu ao longo da história humana, teria morrido em vão, mas a do reconhecimento infinito em relação a alguém que não nasceu em vão; e isso parece poder ser dito de qualquer um.

Olivier Abel

---

19. Uma maneira de pensar a própria *ipseidade* não como mais uma maneira de se salvar, mas como a expressão de uma exigência de responsabilidade e de justiça para com os outros.

NOTA DOS EDITORES

Esta obra respeita escrupulosamente o texto manuscrito de Paul Ricoeur. Ele foi digitado por Catherine Goldenstein, que precisa em seu posfácio as circunstâncias e o momento em que essas páginas foram escritas.

No entanto, como nunca tivemos a intenção de publicar um fac-símile, não conservamos, salvo na página inicial, com o plano da primeira parte do livro, e na página final, que encerra a segunda parte e o livro, a disposição do texto linha a linha, porque ela é puramente contingente. Em compensação, conservamos as rupturas de parágrafo. Restabelecemos ou estabelecemos a pontuação quando ela era falha ou inexistente, corrigimos erros e respeitamos algumas convenções tipográficas correntes da edição (por exemplo, os termos sublinhados por Paul Ricoeur estão em itálico).

Apresentamos no corpo do texto, entre colchetes e em negrito (**[...]**), indicações sobre o manuscrito: parágrafos riscados, acréscimos à margem, palavras cuja decifração revelou-se conjectural ou impossível, palavras faltantes. Não assinalamos nem reproduzimos as rasuras pontuais. Remetemos em nota a detalhes diversos dos editores (por exemplo, autores e títulos a que Ricoeur alude, assim como a referência dessas obras). Algumas notas são do próprio Ricoeur; elas são assinaladas como tais.

CATHERINE GOLDENSTEIN
E JEAN-LOUIS SCHLEGEL

ATÉ A MORTE
DO LUTO E DO JÚBILO

[O texto que segue se encontrava numa pasta de cartolina intitulada "Jusqu'à la mort. Du deuil et de la gaieté [Até a morte. Do luto e do júbilo]. P.R.", nomeada sem dúvida por volta de 1996. Também estavam incluídas nessa pasta duas cartas, datadas de "20/1/96" e de "abril de 96", assim como o texto do culto do domingo 28 de maio de 1995.]

[Na página inicial, lê-se:]

Até a morte.

Do luto e do júbilo.

---

1. – As figuras do imaginário.
2. – Do luto e do júbilo.
3. – Ainda sou cristão?

[Uma nova página expõe um plano, trazendo na margem, em cima, à esquerda, a palavra:]

Notas

A queixa e o luto

O consolo e o luto — Isaías 40

A contestação e o luto: ápice da queixa

Quem sou eu para...

Não sou nada...

A erva seca de Isaías 40, 7-8

Retomada da "tristeza do finito" (Vol. e Invol.)

Luto e consentimento → alegria/júbilo

A esperança – transgeracional

– cosmopolítica

– eclesial: a nuvem de testemunhas

Os vivos e os mortos? Não: os vivos e a lembrança dos mortos na memória dos vivos. Vínculo de memória.

O que é o homem para que você se lembre dele!

Somente os enlutados serão consolados.

↓ ↓

Deus que se esconde Salvador

→ o oximoro *Is 45, 15*

"Verdadeiramente tu és o Deus *que te ocultas*, o Deus de Israel, *o Salvador*."

→ (oculto – salvador)

Seguir a veia "não temas"

desde a mensagem ao rei antes da batalha (A.T.Th. Römer) passando por N.T.

até a "consolação" (no sentido de Isaías 40 ss.) antes da agonia.

A agonística *até*...

Retomar a tradição da *lamentação* e da *queixa*

Nos Salmos, Jeremias, Isaías III

Há que *deixar dizer* a queixa como o derradeiro *vis-à-vis* do luto.

Luto através da queixa → (fazer seu) luto *da* queixa?

O momento budista? Fim do livro de Jó: a minha mão ponho à boca...

[Seguem páginas numeradas de 1 a 16 no manuscrito. Elas correspondem globalmente ao ponto 1.]

Jusqu'à la mort : du deuil et de la gaieté.

—

Par où commencer ce tardif apprentissage ? Par l'essentiel, tout de suite ? Par la nécessité et la difficulté de faire le deuil [illegible] survivre-exister après la mort ? Par la joie – non, plutôt, par la gaieté jusqu'à la grâce | [illegible] d'exister | vivante | jusqu'à la mort ?

Non : l'essentiel est trop proche, donc trop recouvert, trop dissimulé. Il se découvrira peu à peu, à la fin.

Je commencerai par le plus abstrait, en ce sens le plus aisé à dire, à articuler.

Le plus abstrait ? Les équivoques de la mort, du mot mort.

Non par l'imaginaire qui [illegible] [illegible].

Je vois trois significations majeures – peut-être plus ? – qu'il importe de distinguer, car c'est leur empiètement mutuel et la confusion qui en résulte qui entretiennent l'angoisse [illegible] de la mort. À cet égard, je le pense ici [illegible] face à d'autres situations de confusion conceptuelle, la clarification conceptuelle a déjà valeur thérapeutique. C'est là [illegible] la tâche minimale de la réflexion philosophique : analyser, clarifier.

(1) → Il y a d'abord la rencontre de la mort d'un autre cher, des autres inconnus. Quelqu'un a disparu. Une question surgit et ressurgit obstinément : existe-t-il encore ? et où ? en quel ailleurs ? sous quelle forme invisible à nos yeux ? visible autrement ? C'est une question [illegible] lie la mort au mort, aux morts. [illegible] la question [illegible] de vivants, de [illegible] bien portants [illegible] et si insistante que même dans nos sociétés sécularisées nous ne savons pas quoi faire des morts, c'est-à-dire des cadavres. Nous ne les jetons pas aux ordures comme des déchets domestiques que physiquement ils sont pourtant. √ Et c'est pourtant cette interrogation sur le sort des morts que je veux [illegible], dont je veux faire le deuil pour moi-même. Pourquoi ?

L'imaginaire [illegible] par [illegible] et généralisation : mon mort, nos morts, les morts. Généralisation par dissipation des différences : l'[illegible] de la [illegible] les morts comme tous les défunts. [illegible], les [illegible] des morts. La place de la sépulture dans le [illegible] de l'humanité, à côté de [illegible], du langage, de la morale [illegible] et sociale, témoigne de l'antiquité et de la persistance de ce fait [illegible] [illegible] [illegible] [illegible] des morts [illegible] [illegible].

Pourquoi ?

Parce que mon rapport à la mort non encore échue est

ATÉ A MORTE: DO LUTO E DO JÚBILO

Por onde começar esse aprendizado tardio? Pelo essencial, de uma vez? pela necessidade e a dificuldade de fazer o luto de um querer-existir após a morte? pela alegria – não, melhor pelo júbilo unido à graça esperada de existir vivo até a morte?

Não: o essencial está próximo demais, logo demasiado encoberto, demasiado dissimulado. Ele se descobre pouco a pouco, no fim.

[Os três parágrafos que seguem estão riscados, para serem colocados mais adiante. Nós os copiamos aqui, pois não houve continuação onde inseri-los.]

Começarei pelo mais abstrato, nesse sentido o mais fácil a dizer, a articular. **[Lê-se na margem, na altura desta frase, uma retificação:** Não, pelo imaginário que encobre – e dissimula.]

O mais abstrato? Os equívocos da morte, da palavra morte.

Vejo três significados maiores – talvez mais? – que é importante distinguir, porque é seu acavalamento mútuo e a confusão daí resultante que mantém a angústia espessa da morte. A esse respeito, penso o problema aqui como diante de outras situações de confusão conceitual, a clarificação conceitual já tem valor terapêutico. É aqui como em outros casos a tarefa mínima da reflexão filosófica: analisar, clarificar. **[Fim dos parágrafos riscados.]**

1. Há primeiro o encontro da morte de outro ser querido, de outros desconhecidos. Alguém desapareceu. Uma questão surge e ressurge obstinadamente: ele ainda existe? onde? em que outro lugar? sob que forma invisível aos nossos olhos? visível de outro modo? Essa questão liga a morte ao morto, aos mortos. É uma questão de vivos, talvez de sadios, direi mais adiante. A questão Que tipo de seres são os mortos? é tão insistente que mesmo em nossas sociedades secularizadas não sabemos o que fazer dos mortos, isto é, dos cadáveres. Não os jogamos no lixo como dejetos domésticos, que no entanto eles são fisicamente. O imaginário procede por deslocamento e generalização: meu morto, nossos mortos, os mortos. Generalização por dissipação das diferenças: o amado → o terceiro. Os mortos como terceiros desaparecidos, os finados. O Dia de Finados. O lugar da sepultura, entre os critérios de humanidade, ao lado da ferramenta, da linguagem, da norma moral e social, atesta a antiguidade e a persistência deste fato certo **[?]**: não nos desfazemos dos mortos, nunca nos livramos deles.

E é no entanto essa interrogação sobre a sorte dos mortos que quero exorcizar, de que quero fazer o luto para mim mesmo. Por quê?

Por quê?

Porque minha relação com a morte ainda não ocorrida é obscurecida, obliterada, alterada pela antecipação e pela interiorização da questão da sorte dos mortos já mortos. É a morte de amanhã, no futuro anterior de certo modo, que eu imagino. E é essa imagem do morto que serei para os outros que quer ocupar todo o espaço, com sua carga de questões: o que são, onde estão, como são/estão os mortos?

Minha batalha é com e contra essa *imagem* do morto de amanhã, desse morto que serei para os sobreviventes. Com e contra esse *imaginário* em que a morte é de certo modo desejada pelo morto e pelos mortos. Para entrar nessa luta com o imaginário, retomo a análise no ponto em que introduzi a referência aos sobreviventes. O fato primeiro é esse. Outros vivos sobrevivem à morte dos seus. Do mesmo modo que outros sobreviverão a mim. A questão da sobrevivência é, assim, primeiramente uma questão de sobreviventes que se perguntam se os mortos também continuam existindo, no mesmo tempo cronológico ou pelo menos num registro temporal paralelo ao dos vivos, ainda que essa modalidade temporal seja considerada imperceptível. Todas as respostas dadas pelas culturas acerca da sobrevivência dos mortos se inserem nessa questão não questionada: passagem a outro estado de ser, espera de ressurreição, reencarnação ou, para espíritos mais filosóficos, mudança de estatuto temporal, elevação a uma eternidade imortal. Mas essas respostas são respostas a uma questão formulada pelos sobreviventes acerca da sorte dos mortos já mortos.

Volto sobre a palavra-chave da minha resposta ao porquê do luto em que quero entrar – em trabalho do luto...: a interiorização antes da minha morte de uma questão *post mortem*, da questão: o que são os mortos? Ver-me já morto antes de estar morto e aplicar a mim mesmo por antecipação uma questão de sobrevivente. Em suma, a assombração no futuro anterior. Eu disse, como de passagem, que é uma questão de sadios. De fato, sua capacidade de fixação é mais forte quando vem inquietar, afrontar, insultar a insolência do apetite de viver invulnerável. O adjetivo invulnerável se diferencia de imediato do que afirmarei mais adiante, mais tarde, perto do fim, se meu discurso lá chegar, sobre a alegria de viver até o fim, depois sobre o apetite de viver colorido por certa despreocupação que chamo de júbilo. Mas não vamos depressa demais. Ainda não chegamos lá. Quer dizer, nas abstrações, nos significados mistos, nas confusões a *clarificar*.

[O parágrafo que segue foi acompanhado na margem pela observação: em seu lugar? *Não.*]

A terceira ideia da morte é a mortalidade, o dever-morrer um dia, o ter-de-morrer. As filosofias da finitude se esforçaram para levar essa categoria da existência ao ápice da sua reflexão. Assim, fazem dela um corolário, uma variante da finitude. Vão até as últimas consequências em suas considerações quando pensam a finitude, o ser rumo ao fim ou para o fim, do interior, quero dizer, por um olhar que se veda o olhar de cima, o sobrepairar, mirando um marco de que veríamos os dois lados – do alto. Vista do interior, a finitude ruma para um limite a partir do sempre aquém, e não para um marco que o olhar ultrapassa, instaurando a questão: e depois, o quê? Em certo sentido, minha reflexão é análoga à dos pensadores da finitude. Mas, ao contrário das aparências, a finitude é uma ideia abstrata. A ideia de que terei de morrer um dia, não sei quando, nem como, veicula uma certeza (*mors certa, hora incerta*) assaz flutuante para agir sobre o desejo – sobre o que chamarei mais adiante (distinguindo os dois termos): desejo de ser, esforço para existir. Sei tudo o que foi dito e escrito sobre a angústia do não ser mais um dia. Mas se o caminho da finitude aceita deve ser retomado, é só depois de ter lutado contra o imaginário da morte sobre o qual eu só expressei por enquanto uma imagem, a antecipação interiorizada do morto de amanhã que serei para os sobreviventes, meus sobreviventes.

2. **[À margem, em frente ao número 2:** Trata-se de representações do imaginário.] Um segundo significado se prende à palavra morte. O morrer como acontecimento: passar, finar, terminar. De um lado, meu morrer de amanhã está na mesma esfera que meu já-estar-morto de amanhã. Na esfera do futuro anterior. O que se chama de mori-

bundo só o é para quem assiste à sua agonia, que talvez o assista em sua agonia – voltarei sobre isso mais adiante. Pensar-me como um desses moribundos é me imaginar como o moribundo que serei para os que assistirão ao morrer. Todavia a diferença entre essas duas situações imaginárias é grande. Assistir à morte é mais preciso, mais pungente do que simplesmente sobreviver. Assistir é uma provação pontual, acontecimental. Sobreviver é um longo trajeto, na melhor hipótese o do luto, isto é, da separação aceita do finado que se afasta, se desapega do vivo para que este sobreviva. Mas, enfim, ainda é para mim uma antecipação interiorizada, a mais aterrorizante, a do moribundo que serei para os que assistirão à minha morte, que a assistirão. Pois bem, digo que a antecipação da agonia é que constitui o núcleo concreto do "medo da morte", em toda a confusão dos seus significados que se amontoam.

É por isso que eu queria me confrontar primeiro com essa ideia da morte como agonia antecipada. Para tanto vou me esforçar para libertar a inevitável antecipação do morrer e da própria agonia da imagem do moribundo no olhar do outro. Nisso me ajudará o testemunho de médicos "especialistas (?)" nas terapias paliativas para aidéticos, cancerosos incuráveis, em suma, para os doentes em fase terminal. Eles não dizem que é fácil morrer. Eles dizem duas ou três coisas que me são muito preciosas. Primeiro, o seguinte: enquanto estão lúcidos, os doentes que estão morrendo não se percebem como moribundos, como logo mortos, mas como ainda vivos, e isso aprendi com madame Hacpille meia hora antes de ela morrer. Ainda vivos, eis a palavra importante. Depois, mais isto: o que ocupa a capacidade de pensamento ainda preservada não é a preocupação com o que existe depois da morte, mas a mobilização dos recursos mais profundos da vida para continuar se afirmando. Os recursos mais profundos da vida: o que isso quer dizer? Aqui antecipo. Não posso não antecipar. Porque é essa experiência que vai me ajudar a dissociar a antecipação da agonia da antecipação do olhar posto por um espectador exterior sobre o moribundo. O agonizante como distinto do moribundo. O mais profundo do testemunho do médico da unidade de terapias paliativas é que a graça interior que distingue o agonizante do moribundo consiste na emergência do *Essencial* na própria trama do tempo da agonia. Esse vocabulário do Essencial me acompanhará em toda a minha reflexão. Antecipo, antecipo mais uma vez: o Essencial é, em certo sentido (que procurarei explicar mais adiante com maior exatidão), o religioso; é, se ouso dizer, *o religioso comum* que, no limiar da morte, transgride as limitações consubstanciais ao religioso confessante e confessado. Nunca me cansarei de dizer: não desprezo o que chamo, para ser breve, de "códigos" (penso no *Great Code* de Blake retomado por Northrop Frye[1]); não, mas o reli-

1. Northrop Frye, *Le Grand Code. La Bible et la littérature*, prefácio de Tzvetan Todorov, Paris: Seuil, 1984. [Trad. bras.: *Código dos códigos. A Bíblia e a literatura*, São Paulo: Boitempo, 2004.]

gioso é como que uma linguagem fundamental que só existe nas línguas naturais, historicamente limitadas. Do mesmo modo que todos nascem *numa* língua e só têm acesso às outras línguas por um aprendizado secundário, e no mais das vezes somente pela tradução, o religioso só existe culturalmente articulado na língua e no código de uma religião histórica; língua e código que só articulam filtrando e, nesse sentido, limitando essa amplitude, essa profundidade, essa densidade do religioso que chamo aqui de o Essencial. Dito isso, o que o médico da unidade de terapias paliativas testemunha é a graça concedida a alguns agonizantes de realizar o que chamei de mobilização dos recursos mais profundos da vida na vinda à luz do Essencial, fraturando as limitações do religioso confessional. É por isso que, observa essa testemunha, não é importante, para a qualidade desse momento de graça, que o agonizante se identifique, se reconheça – tão vagamente quanto lhe permita a consciência declinante – como o confessante de determinada religião, de determinada confissão. É somente em face da morte que o religioso se iguala ao Essencial e que a barreira entre as religiões, inclusive as não religiões (penso, é claro, no budismo), é transcendida. Mas como o morrer é transcultural, ele é transconfessional, transreligioso nesse sentido: e isso na medida em que o Essencial atravessa a grade de leitura das "línguas" de leitura. Talvez seja a única situação em que se possa falar de experiência religiosa. De resto, desconfio do imediato, do fusional, do intuitivo, do místico. Há uma exceção, na graça de um certo morrer.

Aqui uma objeção. Eu luto contra o imaginário do morrer ligado ao olhar do espectador para o qual o agonizante é um moribundo, aquele de que se prevê, de quem se sabe com uma precisão variável que logo estará morto. É desse olhar de fora sobre o moribundo e da antecipação interiorizada desse olhar externo que quero me libertar. Seja. Mas, dirão, foi a um testemunho que você apelou, ao testemunho de um médico de uma unidade de terapias paliativas. Ainda é portanto de um olhar que você é tributário em sua tentativa de dissociar o agonizante do moribundo. Você não tem acesso à vivência do agonizante em si e por si, se ouso dizer, a não ser através da interpretação de sinais recolhidos pela testemunha que você convoca ao tribunal da sua argumentação. Boa objeção e boa questão ao fim da objeção. Sim, é ainda a um olhar que faço apelo. Mas é a um[2] outro olhar que não o que vê o **[agonizante]** como moribundo, que logo terá cessado de viver. O olhar que vê o agonizante como ainda vivo, como apelando para os recursos mais profundos da vida, como carregado pela emergência do Essencial em sua vivência de vivo-ainda, é um outro olhar. É o olhar da compaixão, e não do espectador que se antecipa ao já-morto.

2. O texto traz "de um". Algumas palavras antes, Ricoeur faz passar o texto "de um olhar" para "a um olhar", mas sem dúvida se esqueceu de corrigir na frase seguinte.

Compaixão, você disse? Sim, mas há que entender bem o sofrer-com que essa palavra significa. Não é um gemer-com, como a piedade, a comiseração, figuras da deploração, poderiam ser; é um lutar-com, um acompanhamento – na falta de um compartilhamento identificante, que não é nem possível, nem desejável, continuando a justa distância a ser a regra tanto da amizade como da justiça. Acompanhar é talvez a palavra mais adequada para designar a atitude devido à qual o olhar sobre o morrente se volta para um agonizante, que luta pela vida até a morte **[anotado na margem:** compreensão + amizade], e não para um moribundo que logo vai ser um morto. Podemos falar de compartilhamento a despeito da reserva relativa à inclinação fusional do compartilhamento identificante. Mas compartilhamento de quê? do movimento de transcendência – transcendência imanente, ó paradoxo –, de transcendência íntima do Essencial que rasga os véus dos códigos do religioso confessional.

Há decerto um aspecto profissional para essa cultura do olhar de compaixão, de acompanhamento: um treino para dominar as emoções que pendem para o fusional; há também um aspecto deontológico relativo aos comportamentos que se deve ter (entre outros entre esses dois extremos tão prontos a se aproximar, a obstinação terapêutica e a eutanásia passiva, quando não ativa); mas há também uma dimensão propriamente ética, atinente à capacidade de acompanhar em imaginação e em simpatia a luta do agonizante ainda vivo, vivendo ainda até a morte.

Esse outro olhar só poderia ser o do médico "treinado" a acompanhar os doentes em fim de vida? Ocorre-me aqui a evocação de outro testemunho, o de Jorge Semprún em *L'Écriture ou la Vie* [*A escrita ou a vida*] (1994). É o testemunho do sobrevivente dos campos de deportação (falarei mais adiante desse outro significado dos termos sobreviver, sobrevivente, ligado a outro significado da morte que não os considerados até aqui) que evoca, à custa de uma longa agonia como escritor que conta tudo isso, a morte de Maurice Halbwachs no bloco dos agonizantes de Buchenwald em 1944. Maurice Halbwachs esgotado ao extremo é acompanhado por Jorge Semprún. Primeiro, no relato, os sinais mais tênues, porém mais inapagáveis do dar-receber, sobre os quais Peter Kemp diz em *Éthique et Médecine* [Ética e medicina][3] que é o irredutível vínculo de humanidade – eu ia dizer, por antecipação, de amizade no morrer acompanhado: "Ele sorria morrente, seu olhar sobre mim, fraterno... Peguei a mão de Halbwachs, que não teve força para abrir os olhos. Senti apenas uma resposta dos seus dedos, uma ligeira pressão: uma mensagem quase imperceptível [o dar-receber ainda presente[4]]." E aqui o testemunho sobre o aflorar do Essencial: nos olhos, "uma chama de dignidade, de humanidade vencida mas incipiente. O brilho imortal de um olhar que constata a aproximação da morte, que sabe o que está por vir, que o pondera, que avalia face a face seus riscos e o

3. Paris: Tierce, 1997.
4. As palavras entre colchetes são de Ricoeur.

que põe em jogo, livremente, soberanamente". Mas ainda havia que ajudar com uma palavra não médica, não confessional, poética e, nesse sentido, próxima do essencial, o agonizante não moribundo: "Então num pânico súbito, ignorando se posso invocar algum Deus para acompanhar Maurice Halbwachs, consciente da necessidade de uma prece, no entanto, com um nó na garganta, digo em voz alta, tentando controlá-la, timbrá-la como convinha, alguns versos de Baudelaire. É a única coisa que me vem ao espírito.

Ó morte, velho capitão, é hora, levantemos âncora...

O olhar de Halbwachs fica menos vago, parece se espantar. Continuo a recitar. Quando chego a

... nossos corações que tu conheces estão cheios de luz,

um ligeiro tremor se esboça nos lábios de Maurice Halbwachs. Ele sorri, morrente, seu olhar sobre mim, fraterno" (32-3).

Esta última frase diz tudo. M. H. nesse instante é só ele a morrer, mas não morre só. Essa reflexão será compreendida pelo contraste com um outro episódio igualmente extremo do mesmo livro. Trata-se da voz ouvida cantando o *Kaddish*. "Uma voz? muito mais uma lamúria inumana. Gemido inarticulado de bicho ferido. Melopeia fúnebre, de gelar o sangue... – O que é? perguntou Albert, com uma voz sem timbre e baixa. – A morte, respondi. Que mais?... Era a morte que cantarolava, sem dúvida, em algum lugar no meio do amontoado de cadáveres. A vida da morte, em suma, que se fazia ouvir. A agonia da morte, sua presença difusa e funebremente loquaz... Albert ficou lívido. Apurou os ouvidos, apertou meu braço a ponto de me machucar, frenético de repente. – Iídiche! exclamou. Ela fala iídiche! Com que então a morte falava iídiche."

Que diferença do relato precedente: claro, uma palavra é dita. Ademais, é uma palavra confessante, confessional: o *Kaddish*. E toda uma história, toda uma tradição de sofrimentos se resume nela. Mas o agonizante, só ele a morrer, morre só. Não é um outro que diz o *Kaddish*. Não é um acaso, nem um artifício literário, se o narrador diz que essa voz é a voz da morte:"Era a morte que cantarolava..."Um morrer não acompanhado torna o moribundo indiscernível da própria morte, tornada personagem. Também o vocabulário está então à deriva: o agonizante, a morte, os mortos: o *Kaddish* não é chamado de "prece dos mortos"? Prece dita pelos morrentes sobre eles mesmos? por outros com os morrentes? pela morte? sobre os mortos? Inquietante hesitação. Podemos, é claro, conceber o *Kaddish* dito pelo morrente sobre si mesmo: é então uma palavra de acompanhamento em que toda a história judaica é condensada ("afinal de contas, não havia nada de surpreendente no fato de a morte falar iídiche", 39). Seria então uma palavra de acompanhamento interiorizada. Mas falta a essa palavra dita sobre si a real compaixão do dar-receber que implica a "exterioridade" no sentido de Lévinas.

Volto sobre a qualidade não médica do olhar e sobretudo do gesto de acompanhamento. Ele assinala a fusão, na hermenêutica da medicina das terapias paliativas, entre a compreensão e a amizade. A compreensão se volta para o viver terminante e seu recurso ao essencial. A amizade ajuda não apenas o agonizante, mas a compreensão mesma.

3. O livro de Jorge Semprún, como o de Primo Levi *Si c'est un homme* [É isto um homem?], me força, um pouco a contragosto, a tratar como uma terceira configuração imaginária (conceitual) a designação da própria morte como um personagem ativo. Dirão que estamos no imaginário retórico, igual ao que engendra a prosopopeia, esse artifício retórico que faz surgir os mortos se apresentando a si mesmos e discorrendo. Mas as duas configurações precedentes já decorriam do imaginário que me empenho em exorcizar numa conduta de luto.

À primeira vista, não há nada de específico, quanto ao sentido, ao que parece uma fusão entre 1) o *morto*, sobre o qual pesa [em torno do qual ronda[5]] a questão dos sobreviventes: agora vive, em outro lugar, de outro modo?, e 2) o moribundo, visto de fora para quem assiste à morte sem assistir o morrente e ter acesso a ele como

5. Ricoeur coloca a segunda formulação sob a primeira, sem rasurar esta.

agonizante[6]. Sim, eu tenderia a crer que a morte personificada, ativa e destrutiva, surge no imaginário no ponto em que os mortos já mortos e os moribundos que vão estar mortos se tornam indistintos.

É o caso das grandes epidemias – de peste, de cólera... – e foi o caso nos campos de concentração, nessa situação extrema em que o sobrevivente provisório é rodeado, cercado, submerso pela massa indistinta dos *mortos* e dos moribundos e habitado pelo sentimento da enorme probabilidade da sua morte próxima, da iminência dessa morte. Então, ele se imagina, se percebe como já fazendo parte dessa *massa indistinta* dos mortos e dos moribundos. Insisto no efeito de massa e no efeito de indistinção. Ele é efetivo somente nas situações-limite de que falei: epidemia, extermínio. Reservo a hipótese de que todos os vivos possam em certas circunstâncias da vida, se não do sonho e da imaginação literária, perceber toda a humanidade já morta e devendo morrer como massa (Agostinho falando do pecado fala de *massa perdita*), numa espécie de abreviação, de atalho. Mas deixemos ao extremo vivido o que o onírico pode substituir, ou mesmo prover. A morte em massa, eis o tema. Era ela que há pouco"falava iídiche".

Massa indistinta de mortos e moribundos.

O assombramento que coloca Jorge Semprún, saído de Buchenwald, em face da alternativa: ou viver à custa de esquecer, ou se lembrar, escrever, contar, mas ser im-

6. Acrescentado abaixo, na entrelinha: "Uma outra espécie de sobrevivente = assistente."

pedido de viver, porque a morte superada seria o verdadeiro real e a vida, um sonho, uma ilusão. É preciso levar a sério essa alternativa não retórica, vivida. Mas o que é essa morte mais real que a vida? Até que ponto ela não passa de uma assombração *a posteriori*, ou é fiel na assombração mesma e pela assombração – no sentido de fantasma, de *ghost* – ante o que foi vivido no ambiente da morte, no convívio com mortos vivos, agonizantes, misturados aos mortos já mortos? Já no capítulo *Kaddish* é a morte que cantarola: "a vida da morte, em suma, que se fazia ouvir" (38). A "fumaça do crematório" como atestado da morte "em ação" (39). O agonizante, boca da morte. Contar é contar a morte. A indistinção essencial: os moribundos, os "cadáveres ambulantes" (significados posteriormente pelos "passeantes de Giacometti" na Fundação Maeght, 55). Papel do *contágio* que de um vivo faz um moribundo e, no mesmo lance, um morto. O contágio que aglutina à *massa perdita*. Está aí o nascimento de um novo sentido de "sobrevivente": do ambiente da *massa perdita*. Sobrevivendo como aquele *que havia sido* (pogroms, Oradour...). Horror das câmaras das quais ninguém terá sido sobrevivente. Sobreviver: ter sido poupado, os poupados do horror. É por ocasião da evocação dos que escaparam do horror que a figura de Malraux surge, retrabalhando ele próprio a *Lutte avec l'ange* [Luta com o anjo], de que só a primeira parte foi publicada – *Les Noyers de l'Altenburg* [As nogueiras de Altenburgo] –, em lembrança ao ataque com gases perpetrado pelos alemães na frente russa do Vístula em 1916: "Poucos 'sujeitos'", escreve Malraux em *Le Miroir des limbes* [O espelho do limbo], "resistem à ameaça da morte. Esta põe em jogo o enfrentamento da fraternidade, da morte – e da parte do homem que hoje busca seu nome, que decerto não é o indivíduo. O sacrifício prossegue com o Mal mais profundo e o mais velho diálogo cristão: desde esse ataque da frente russa sucederam-se Verdun, o gás mostarda de Flandres, Hitler, os campos de extermínio..." E Malraux conclui (cito ainda J. S.): "Se encontro isso, é porque procuro a região crucial da alma em que o Mal absoluto se opõe à fraternidade" (63). E essa frase se torna a epígrafe – uma das duas epígrafes – de *A escrita ou a vida*. O importante é o seguinte: para fazer coagular a *massa perdita* dos moribundos e dos mortos é preciso que a ameaça da morte, dirigida contra você, conscientemente, seja ela própria posta sob o signo do Mal absoluto, enquanto oposto à fraternidade. O par Mal absoluto-fraternidade. "O mais antigo diálogo cristão", diz Malraux, o agnóstico. Não é necessário então que o Mal seja nomeado para que a morte o seja e, nomeada, avance ativa contra nós? Sem o cimento do mal, a ameaça da morte não confundiria os moribundos com a morte, numa horrível epidemia da morte. Aqui, o vivido transforma em assombração a imagética da Morte armada com sua Foice. Contágio da *massa perdita* reunida pela ameaça, ela própria convocada pelo "Mal absoluto", o outro fortalecido pela fraternidade. Então "uma mesma meditação" (65) pode envolver Kant, Malraux, o relato do sobrevivente, de Auschwitz a Buchenwald, a agonia de Maurice Halbwachs. Com esse "mesma" a frase de Malraux representa o papel de conector.

Então minha pergunta: a Morte seria *mais real* do que a vida fora da prosopopeia do "Mal absoluto"?

Isso coloca, é verdade, outro problema que certamente encontrarei de novo mais adiante: minha convicção de que as figuras do mal não constituem um sistema, como se pode pensar do bem. Auschwitz e o Gulag são *diferentes*. Um não é mais que o outro: incomparáveis em *gradação* de mal. É uma objeção a um inventário feito de outro modo que pela comparação? pela figuração, por que não pela encarnação (uma vez Jorge Semprún emprega a palavra para as irrupções da morte)? Como quer que seja – voltarei talvez a esse ponto –, não é a morte que se escreve com maiúscula, mas o Mal, quando o *contágio* é *extermínio*, isto é, programa de morte organizada pelo Maligno.

Deve-se pensar então que, sem as experiências-limite da *morte infligida em massa*, a Morte nunca teria sido pensada como agente operante? O grande medo. Os grandes medos. Ver[7]... Mas nesse caso, para manter o primado do extermínio, é necessário que no imaginário popular – o de todos nós – o contágio das grandes epidemias seja percebido como projeto de extermínio: primeira generalização por deslocamento devido ao qual a *morte violenta*

7. Referência não dada. Alusão talvez aos trabalhos de Jean Delumeau sobre o medo: *La Peur en Occident (XIVe-XVIIIe siècles)*, Paris: Fayard, 1978. [Trad. bras.: *História do medo no Ocidente*. São Paulo: Companhia das Letras, 1989.]

se torna figura do Mal absoluto, da inimizade (do Diabo? de Deus? de que Deus vingador? talvez Maligno?). O contágio como extermínio nos grandes medos. Mas isso não basta: é preciso que todas as mortes – as mortes por doença, por velhice, logo as mortes por exaustão da vida – sejam *assimiladas* à morte violenta: então o extermínio se volta para o contágio, que por sua vez absorve em suas margens a morte banal.

Nenhuma morte é mais banal nesse atalho evocado acima, em que todas as mortes se aglutinam na *massa perdita*. Uma teologia do sofrimento como punição certamente facilitou essa fusão-confusão. Não há mais que a morte-*poena,* cujo vestígio de filiação se perdeu a partir do Extermínio. *Toda* morte extermina. É o que considero como o terceiro imaginário. Não é simples fusão do morto e do moribundo, mas catálise da *massa perdita* pelo Mal absoluto. *Massa perdita* se torna sinistramente a palavra justa numa teologia **[punitiva?]** que retira do mal de sofrimento sua diferença – ousaria dizer seu direito – subtraída pelo mal de pecado através do mal de pesar. Então o "velho diálogo cristão" bem identificado por Malraux, o agnóstico, é maquiado por uma atroz teologia, vítima e agente responsável pelo terror do imaginário. O que precisamos é levar o rio de volta para o seu leito trazer o imaginário ao seu lugar de origem. [(1). **[A nota (1) corresponde a esta remissão escrita na margem:** Nesse sentido é o que faz J. Semprún em seu livro:"O essencial? Creio saber, sim. Creio que começo a saber. O essencial é poder chegar a superar a evidência do horror para tentar atingir a raiz do Mal radical, *das Radikal Böse*" (98). Ver o que escrevi em *Temps et Récit* [Tempo e narrativa III] sobre o[8] *tremendum horrendum*, inverso do admirável. *O horrível, o horror do horrível*, "Porque o horror não era o Mal, não era sua essência, pelo menos. Ele não passava do vestuário, da roupagem, do aparato. A aparência, em suma" (98).] O extermínio, a morte infligida em massa pelo Mal. Então a maiúscula da Morte é tomada de empréstimo do Mal absoluto, o Inimigo da fraternidade.

Com isso, um caminho difícil se esboça: se o Mal absoluto faz par com a fraternidade, o luto tem de passar pelo exorcismo dos fantasmas gerados pelo Mal absoluto a partir da podridão da *massa perdita*, na qual moribundos e cadáveres são confundidos em sua potência de contágio pestilencial. É com esses fantasmas que J. Semprún, *sobrevivente* dos campos da morte, se bate: são eles que geram a alternativa: ou viver e esquecer, ou escrever (contar) e não mais poder viver.

O fantasma: a Morte ser mais real do que a Vida. O horror à morte não é o Mal, mas sua aparência.

O fantasma: "não somos os que escaparam da morte, mas os que regressam do outro mundo..." (99).

Os *campos* revelaram a verdadeira natureza do horror da morte com base na situação-limite ainda ignorada

8. *Temps et Récit*, t. 3, *Le Temps raconté*, Paris: Seuil, col. "Points Essais", 1995, pp. 340-2. [Trad. bras.: *Tempo e narrativa*. São Paulo: Editora WMF Martins Fontes, 2011.]

por Karl Jaspers: o extermínio, obra não da morte, mas do Mal.

Meu problema nasce daí: em que condição a morte ordinária é contaminada pela morte-limite, pela morte *horrível*? E como lutar contra essa contrafação? **[Anotado na margem:** "O que estará em jogo não é a descrição do horror. Não somente, em todo caso, nem mesmo principalmente. O que estará em jogo é a exploração **[na]** alma humana do horror do Mal... Precisaremos de um Dostoiévski" (138).**]**

J. S. enxerta no tema dos que regressam o do *indizível*. Verdadeiro é isso para toda morte, o acontecimento não se produz nem para o assistente nem para o agonizante, quando este "passa". O único acontecimento que jamais poderemos experimentar individualmente (99). No entanto, Lucrécio e os epicuristas não convencem. Seu célebre dito é um sofisma. Porque *não* se trata de *experiência*, mas de *imaginação*, sempre *a posteriori*, sempre iminente. Cedo demais, tarde demais. "Angústia", "pressentimento", "desejo funesto" (99). **[Anotado na margem:** v. Landsberg, citado p. 102, pp. 178, 216, *L'expérience de la mort* [*A experiência da morte*][9].**]**

J. Semprún **[é]** a primeira vítima do imaginário no *recém*-passado, inverso da iminência. Ou antes, a iminên-

9. Alusão a Paul-Louis Landsberg, *Essai sur l'expérience de la mort*, Paris: Seuil, 1951, retomado na col. "Points Sagesses" em 1993. [Trad. bras.: *Ensaio sobre a experiência da morte*. Rio de Janeiro: Contraponto, 2009.] P. R. havia resenhado esse livro em *Esprit*, 1951 (texto republicado em *Lectures 3, Aux frontières e la philosophie*, Paris: Seuil, 1994).

cia rememorada no recém-passado *equivale* à morte (120). Notem: *a* morte. Como a que cantarolava o *Kaddish*. **[Anotado na margem:** "uma parcela da memória coletiva da nossa morte", *massa perdita*, cit. 131.] Não separar: "memória da morte" e "o que regressa". Somente os fantasmas se lembram da morte. Início do luto: "pensei que era preciso ter *vivido* a morte deles, como fizemos, nós que havíamos *sobrevivido* à morte deles – mas que ainda não sabíamos se havíamos sobrevivido à nossa –, para pousar neles um olhar puro e fraterno." O olhar que devíamos pousar em nossa morte, assimilada pretensiosamente à morte exterminadora. "Os mortos *horríveis e fraternos*" (133). "Eles precisavam que vivêssemos, simplesmente, que vivêssemos com todas as nossas forças na memória da sua morte." **[Rodapé em parte truncado; permanecem legíveis as palavras:** a memória *cura o imaginário*.]

Mas a memória não é nada sem contar. E contar não é nada sem escutar. O problema de J. S.: "Como contar uma verdade pouco crível, como suscitar a imaginação do inimaginável, senão elaborando, trabalhando a realidade, colocando-a em perspectiva? Com um pouco de artifício, portanto!" (135).

Será que me afasto aqui da minha própria questão, da própria minha angústia, do meu próprio imaginário? De maneira alguma, o *desvio* é este: se o modelo do horror é o extermínio, então a conjuração do horror ordinário passa pelo trabalho da memória e pelo trabalho de luta (veremos na segunda parte que ambos estão ligados) efetuado pelos que *regressaram* da morte por extermínio, do horror extraordinário e que, de regressantes, tornaram-se testemunhas e, assim, superaram – *Aufhebung* – a alternativa: a literatura ou a vida. **[Anotado na margem:** "A verdade essencial da experiência não é transmissível... ou antes, só o é pela escrita literária...", 136.**]**

Foi Malraux que antecipou: "procurar" – e encontrar? – a "região crucial da alma em que o Mal absoluto se opõe à fraternidade". Essa busca, para mim, passa pelo luto, e o luto tem como substituto, como socorro, como recurso, o trabalho da memória dos que fizeram prevalecer a vida sobre "a memória da morte". Ajuda fraterna dos regressantes que voltaram a ser vivos entre nós. É por isso que a *transmissão* da experiência deles é o caminho obrigatório da terapia do morrer ordinário. **[Anotado na margem:** Aqui o encontro com Claude-Edmonde Magny[10] e sua *Lettre sur le pouvoir d'écrire* [Carta sobre o poder de escrever] (147, *passim*).**]**

O que o horror põe a nu é a experiência que a vida tem de si mesma e que o espanhol *vivencia* diz melhor que o francês *vécu*, e talvez até mesmo que o alemão *Erlebnis*. O imaginário *da* morte, cuja exegese de sentido acabo de tentar, a partir do extermínio até a *massa perdita*, está tão arraigado na *vivencia* que se torna indistinguível da "angústia de viver" em seu caráter de "sorte". O *Luck* da

---

10. Claude-Edmonde Magny é citada no texto de Semprún.

tragédia, segundo Martha Nussbaum[11]. Por que meu filho? Por que não eu? Sobreviver como qualquer um, sem mérito, logo também sem falta.

[Anotado na margem: Como compreender o verso de César Vallejo: "Em suma, não possuo nada além da minha morte para exprimir minha vida" (154)? Será *perto demais ainda* do imaginário não exorcizado? Ainda mais perto do horror: "toda essa vida não passava de um sonho, não passava de ilusão" (164), "o saber mortífero" (166), "Escutar as vozes da morte..." (167). Tentação do *esquecimento,* contra "esse infortúnio da memória" (171).**]**

Entre o fantasma e a vida: "eu me sentia flutuar no porvir dessa memória" (150). Curar a memória contando, mas sem com isso morrer. É o "poder de escrever", segundo Claude-Edmonde Magny. "Eis em que pé estou: não posso viver a não ser assumindo essa morte pela escrita, mas a escrita me impede literalmente de viver" (174). Mas: "Tenho porventura o direito de viver no esquecimento? de viver graças a esse esquecimento, à sua custa?" (194); *ler 218 a 235.* Que pode significar então a passagem de Schelling, a saber, que o Mal não é inumano, já que a mesma liberdade fundamental produz o humano e o inumano? É, como em Nabert[12], o injustificável além

11. Martha Nussbaum, *The Fragility of Goodness: Luck and Ethics in Greek Tragedy and Philosophy*, Cambridge: Cambridge University Press, 1986. [Trad. bras.: *A fragilidade da bondade*. São Paulo: Editora WMF Martins Fontes, 2009.]

12. Jean Nabert, *Essai sur le mal* [Ensaio sobre o mal], Paris: PUF, col. "Épiméthée", 1955 (reed. Aubier, 1970). Cf. P. Ricoeur, *Lectures 2, La contrée des philosophes*, Paris: Seuil, col. "Points Essais", 1999, pp. 237-52 (capítulo intitulado "L'Essai sur le mal" [Ensaio sobre o mal], 1959).

do aquém das normas; aqui além do aquém do inumano?"A fronteira do Mal não é a do inumano, é outra coisa" (175). Rumo a uma ética da Lei libertada das teodiceias?? (*ibid.*)

A dificuldade de escrever, de contar por escrito:"Meu problema, mas não é técnico, é moral, é que não consigo, pela escrita, penetrar no presente do campo, contá-lo no presente... Como se houvesse uma interdição da figuração do presente...".

Estender essa interdição ao imaginário da morte ordinária. Nada de figuração no presente. A saber, o momento de morrer como *passagem*. Aqui Wittgenstein: *Der Tod ist kein Ereignis des Lebens. Den Tod erlebt man nicht* (cit. 180). A morte não é uma experiência vivida, não há *vivencia* para a *minha* morte. **[Anotado na margem:** Char, *Seuls demeurent* [Sozinhos permanecem][13]**.]**

→ A junção do trabalho da memória e do trabalho do luto:"esse longo trabalho da memória" (196).

É aquele que me ajuda no trabalho do luto do imaginário, na medida em que seu futuro anterior já me mergulhou por antecipação na *massa perdita* dos moribundos e dos cadáveres. Então o caminho dos regressantes, dos que *voltaram* e caminharam rumo à vida, o caminho da memória se torna o caminho da antecipação da iminência de ser tragado por minha vez na *massa perdita*. Para poder ouvir Baudelaire:"Ó morte, velho ca-

---

13. René Char, *Seuls demeurent*, texto de 1945. Foi publicado na coletânea de obras poéticas de Char intitulada *Fureur et Mystère*, Paris: Gallimard, 1948.

pitão, é hora, levantemos âncora", ouvi-lo como Halbwachs ouviu-o.

O *horror* contamina *toda* morte. A evocação de Keats por Claude-Edmonde Magny:

There was a listening fear in her regard
As if calamity had just begun (203).

Todo o "não teme" está aqui em negativa: "a falha no coração de toda existência" (203).

A alternativa do título de Jorge Semprún: somente um suicídio poderia assinalar, pôr fim voluntariamente a esse trabalho de "luto inacabado" (204) que é intimado a "escolher entre a escrita ou a vida". (Não é – diga-se mais que de passagem – uma outra figura da morte: o *suicídio*...??)

Quem sabe seria necessário primeiramente escolher a vida contra a escrita para poder um dia escrever *e* viver. Passagem de todos, de mim também, pela afasia? Mas não é desse *estado* que saio escrevendo estas páginas? "Luto da escrita" com vistas ao luto da memória? Porque não somos fortes. É preciso vergar um pouco, por muito tempo, antes de enfrentar a tempestade. Porque também é *seu* suicídio que tenho de *aceitar*. Aqui uma pergunta de J. S. me toca: "Sou mesmo alguém que regressa do outro mundo?" (206).

Não há anamnese sem "exorcismo" (209).

Mal curada, a memória ainda não oferece mais que "o *reflexo* glacial e no entanto ardente" do Mal: "a realidade radical, exteriorizada, do Mal..." (210).

O retorno da lembrança: "era assim, pelo retorno dessa lembrança, da infelicidade de viver, que eu havia sido escorraçado da louca felicidade do esquecimento" (229). Dizer adeus ao esquecimento ("a Lorène, inesquecível mestra do esquecimento", 230).

235, sobre a estratégia do esquecimento.

Até que se possa pronunciar: *A escrita ou a morte*, 241.

Talvez por isso é que Primo Levi morreu. Para ele, a vida *depois* não terá sido mais que "um sonho dentro de outro sonho" (244)... Não é o caminho do suicídio? Porque a *massa perdita* é mais real do que a comunidade dos vivos. Então *ela aspira a ela*. Reunir-se à *massa perdita*. *Ler* o texto de Primo Levi citado, 245: "Ao alcance da mão, esta certeza: nada é verdadeiro, só o campo, todo o resto não terá sido mais que um sonho, desde então." Triunfo do futuro anterior: não terá sido... *La tregua* [*A trégua*] de Primo Levi. **[Anotado na margem:** "Um sonho no interior de outro sonho, sem dúvida. O sonho da morte, única realidade de uma vida que, ela própria, não é mais que um sonho", 252. É a definição da *inesperança*, segundo o termo apropriado de Gabriel Marcel. O suicídio: *assinatura* desse veredicto.**]**

Por que Semprún pôde viver e escrever, e Primo Levi não?

Por causa da sua estratégia do esquecimento? → "A coragem de enfrentar a morte através da escrita" (251). Ver Abel sobre a coragem → Tillich, *The Courage to Be*[14] [*A coragem de ser*].

A tentação do suicídio **[de]** Primo Levi. Regressão: "Compreendi que a morte estava novamente no meu porvir, no horizonte do futuro." De fato, no luto apenas iniciado da lembrança da morte, "eu vivia na imortalidade desenvolta do que regressa do outro mundo". O anúncio da morte de Primo Levi: "eu voltava a ser mortal"... "A morte havia alcançado Primo Levi." E no entanto ele também havia tentado se curar da morte pela escrita (cit., p. 258). O fracasso do livro. Primo Levi percorre ao revés o caminho de J. Semprún, enquanto de início *a experiência foi inversa* (259). Levi havia tido êxito onde Jorge Semprún havia fracassado. Depois a segunda inversão que faz escrever: *Nulla era vero all'infuori del lageo* **[?]**. *Il resto era breve vacanza, inganno dei sensi, sogno...*, cit. 260. **[Anotado na margem:** ver Eugen Kogon, *L'enfer organisé*[15].**]**

Eis o que ameaça quem quer que seja assombrado pela *massa perdita.*

Se a escrita tem alguma chance de se reconciliar com a vida, quando está a serviço da "memória da morte", nem

---

14. Alusões ao livro de Olivier Abel sobre o desalento (não publicado) e ao de Paul Tillich, traduzido em francês com o título de *Le Courage d'être*, Paris: Seuil, col. "Livre de vie", 1971. [Trad. bras.: *A coragem de ser.* São Paulo: Paz e Terra, 2001.]

15. Alusão a uma obra de Eugen Kogon, *L'enfer organisé* [O inferno organizado], Paris: La Jeune Parque, 1947; texto reproduzido em *L'État SS. Le système des camps de concentration allemands*, Paris: Seuil, col. "Points Histoire", 1993.

tudo é esperado da técnica do relato, do artifício. Mas a própria memória tem de unir trabalho da memória e trabalho do luto. É o que importa para o bom uso da memória da morte no curso do exorcismo das antecipações imaginárias dessa memória que subscrevem a elevação da morte acima da *massa perdita*, a um lugar usurpado que cabe ao "Mal absoluto" designado por Malraux. Vencer o assombramento proveniente da experiência da morte, da presença da morte na situação-limite do extermínio. **[Anotado na margem:** *la vivencia de aquella antigua muerte*, 290.**]** Assombração que só pode ser enfrentada reconduzindo-a à "região crucial da alma, onde o Mal se opõe à fraternidade" (Malraux).

Então, descobre-se talvez que nunca houve para ninguém vivência da morte. Wittgenstein diria mais verdadeiramente que a assombração dos **[falta a parte inferior da página].**

O que é preciso é a *palavra* que Heidegger não pronunciou, a despeito do premente pedido de Celan, consignado no poema "Todtnauberg"[16] que J. Semprún cita, pp. 298-9, "a linha escrita *von einer Hoffnung, heute*"[17]. "A esperança de uma palavra do pensador que venha do coração." Seria a palavra que assinalaria o exorcismo do fantasma. Mas o não dito heideggeriano é o nosso, enquanto o fantasma da morte que mata não é reconduzido

16. Todtnauberg é o nome da aldeia da Floresta Negra em que Heidegger morava.

17. "De uma esperança, hoje".

a seu estatuto de aparência relativamente ao Mal absoluto, o outro do seu outro, a fraternidade. O silêncio sobre a insistência e a consistência do Mal, única "verdade" do fantasma.

Será porque a prece de Paul Celan – *einer Hoffnung, heute* – não foi ouvida que o poeta se matou, como Primo Levi?

Como é difícil e árduo – teria dito Espinosa – o caminho que Cl.-E. Magny indicava ao futuro escritor: "Ninguém pode escrever se não tiver o coração puro, isto é, se não for suficientemente desprendido de si..." (303). "A escrita, se pretende ser mais que um jogo, ou uma aposta, não passa de um longo, interminável *trabalho* de ascese, uma maneira de se desprender de si prendendo-se a si: tornando-se si mesmo por não ter reconhecido, posto no mundo o outro que sempre se é" (304).

Eis o nó: trabalho da memória é trabalho do luto. E ambos são palavra de esperança, arrancada do não dito. **[Anotado na margem:** Senão, os versos de César Vallejo permanecem sem réplica:

«¡No mueras, te amo tanto!»
Pero el cadáver ¡ay! siguió muriendo

(mas o cadáver, ai, continuou morrendo...). O verbo no passado: o futuro assombrado pelo passado.**]**

Foi a fraternidade que fez o preso comunista escrever, recebendo o recém-chegado Stukateur, e não estudante:

"Uma ideia da fraternidade se opondo ainda ao desenrolar funesto do Mal absoluto" (312). Sim, alcançar o ponto em que a *verdade* que escorraça os fantasmas é a seguinte: a eterna luta entre a fraternidade e o Mal absoluto.

[O texto que segue é um manuscrito numerado de 1 a 8, que constitui evidentemente a parte 3 anunciada no manuscrito precedente – cf. acima, p. 8.]

A MORTE

Duas linhas de pensamento — o desapego perfeito

— a confiança na preocupação de Deus

1. – Sobre a primeira linha de pensamento: o desmantelamento irrestrito do imaginário da sobrevivência.

a) A consumação até seu término do trabalho do luto: exercê-lo à custa do *apego a si*. O "desapego", segundo Mestre Eckhart, levado ao extremo da renúncia às projeções imaginárias do eu identitário após a morte própria: o *mesmo* (indiferentemente *idem* e *ipse*?) no *mesmo* tempo, o da própria vida antes da morte e o dos sobreviventes que sobreviverão *a mim*: eis o que há a *perder*. A morte é verdadeiramente o fim da vida no tempo comum a mim, vivo, e aos que sobreviverão a mim. A sobrevivência são os outros.

b) A dimensão ética desse desapego conduz até seu término? Não é a coragem da renúncia às projeções imaginárias

– conquanto esse componente "estoico" tenha sua importância – mas a transferência para o *outro* do amor à vida. Amar o outro, o sobrevivente a mim. Esse componente *agápe* da renúncia à sobrevivência própria completa o "desapego" aquém da morte: ele não é somente perda, mas ganho: libertação para o essencial. Os grandes místicos renanos não apenas se "negaram", mas se tornaram disponíveis para o essencial. A ponto de serem surpreendentemente ativos: criadores de ordens, professores, viajantes, *fundadores* (em numerosas acepções do termo). É que estavam abertos para o fundamental pelo "desapego" ao inessencial. Pois bem, é a *disponibilidade para o fundamental* que motiva a transferência para o outro do amor à vida. É recíproca a relação entre disponibilidade para o essencial, para o fundamental, e a transferência para o outro que sobrevive a mim: a disponibilidade para o fundamental, libertado pelo "desapego", *funda* a transferência – a transferência *verifica, atesta, põe à prova,* "prova" o desapego em sua dimensão de generosidade.

2. – Sobre a segunda linha de pensamento: as implicações da confiança em Deus. Elas dizem respeito ao sentido, à inteligibilidade, à justificação da existência. Mas pensar essas implicações sem nenhuma concessão à sobrevivência numa temporalidade paralela à sobrevivência dos outros. Bem diferente da sobrevivência. Bem diferente das projeções imaginárias.

Característica puramente exploratória dessa penetração.

a) Fui muitas vezes tocado por uma ideia que creio vir de Whitehead: a *memória* de Deus. Deus se lembra de mim. Difícil não pôr no futuro: Deus se lembra*rá* de mim. Há o risco de fazer disso uma forma hipócrita da projeção imaginária, da "consolação" como concessão ao imaginário – em suma, como *desapego imperfeito*. Aparece aqui, pela primeira vez, a questão da relação *vertical* entre tempo e *eternidade*. A frase "Deus se lembra de mim" é dita no presente eterno, que é o tempo fundamental, do essencial. Mas, em razão da finitude da compreensão humana, perfeitamente expressa no que concerne ao tempo na Estética Transcendental da primeira *Crítica* kantiana, só posso "esquematizar" esse presente eterno da preocupação divina. É esse "esquematismo" do eterno que, me parece, se exprime na *Process Theology*, como "devir" de Deus.

É então em relação a esse devir de Deus que o *sentido* de uma existência efêmera pode ser por sua vez esquematizado como "marca" em Deus. Cada existência *makes a difference* em Deus.

A dificuldade imensa é a de não *representar* essa "diferença" como sobrevivência, no que chamo de temporalidade paralela, conferida pela imaginação aos defuntos, como temporalidade *bis* dos defuntos. Falando propriamente: temporalidade das almas-fantasmas.

O que pode me ajudar a separar o "esquematismo" do memorial divino do desapego imperfeito?

Somente a ideia da *graça*. A confiança na graça. Nada me é devido. Não espero nada para mim; não peço nada;

renunciei – tento renunciar! – a reclamar, a reivindicar. Digo: Deus, tu farás o que quiseres de mim. Talvez nada. Aceito não ser mais.

Surge então uma outra esperança que não o desejo de continuar a existir.

Podemos ainda pensar essa esperança na memória de Deus segundo as categorias da"salvação"? Dificilmente: à custa de uma radical purificação em relação à herança paulina da redenção dos pecados. Trata-se de um salvamento infinitamente mais radical que a justificação dos pecadores: a justificação da existência.

b) Acreditei perceber algo dessa justificação da existência na reconstrução por Xavier Léon-Dufour da atitude de Jesus diante da morte, aquém da interpretação paulina; o núcleo é **[constituído]** pelo paradoxo repetido seis (?) vezes nos Sinóticos[1]: Lc 17, 33"*Quem procurar conservar sua existência a perderá – e quem a perder a manterá viva.*"

O comentário de X. Léon-Dufour 61 ss. *Face à la mort. Jésus et Paul* [Em face da morte. Jesus e Paulo][2]. Cf.:"seção: a vida através da morte". No entanto, já mais acima, 56 ss.:"Jesus utilizou outra linguagem que não a do pós-morte e do fim do tempo, e nisso ele se afasta da tradição profética", em que tudo está no *futuro*. Segundo essa tradição, a sobrevivência pessoal é incluída e carregada

1. Os Sinóticos são os três primeiros Evangelhos, os de Mateus, Marcos e Lucas.

2. Paris: Seuil, 1979.

no impulso em direção aos "últimos tempos", eles próprios pensados de forma pré-crítica, como tempo *posterior*. Toda a retórica do Juízo vindouro explora essa futuridade escatológica. Jesus pensou no limite dessa futuridade? Vestígios nos Sinóticos: o Reino de Deus "está entre nós" (Lc 17, 21). "O que é sugerido nos Sinóticos se torna perfeitamente claro com o IV Evangelho. O juízo é atualizado na atitude da acolhida ou da recusa em face de Jesus que fala. Não é somente no fim dos tempos que será concedida 'a ressurreição no último dia'", é desde já que o crente "passou da morte à vida" (Jo 5, 24).

É isso que significa "passar da morte à vida", sem concessão ao imaginário da sobrevivência?

Talvez seja necessário desmitologizar radicalmente a ideia de *juízo*, não só por sua dependência demasiadamente grande em relação a *punição* → também a salvação-absolvição, logo a "pecado". Ou, o que dá na mesma, mas que é consideravelmente mais difícil, desmitologizar "pecado" – infração à Lei como separação de Deus. Ora, a *memória* de Deus é "perdão" no sentido mais que jurídico de absolvição ou de expiação, no sentido de proximidade redescoberta. É econômico, do ponto de vista argumentativo, contornar a categoria pecado e ir direto à de sentido/falta de sentido. Corre-se então o risco de poder evitar a dicotomia *depois/antes* da morte.

c) A questão do sentido talvez seja pensada como *recapitulação* da existência, numa temporalidade não sucessiva, numa temporalidade cumulativa, densa, encurtada no instante totalizante?

Podemos então tentar repensar *expiação* como não sendo *resgate*, mas: *salvar o sentido*? João é sem dúvida o que mais longe foi nessa direção, compensando, segundo X. Léon-Dufour, o *antes/depois* da perspectiva profética pelo *já-presente* da perspectiva apocalíptica (Jo 5, 24-29).

Podemos então guardar algo da futuridade do Juízo Final como um "esquematismo" do Eterno? Sim, talvez, contrabalançando com um "esquematismo" inverso mais próximo da *memória*. Mas uma memória, por sua vez, distinta da *evocação da lembrança*. Uma memória irredutível à passeidade do "não-mais" e de certo modo exaltada em *preservação do ter-sido*, o "ainda-presente" do passado "salvo" do *não-mais*, fazendo contrapeso e simetria ao "já-presente" do futuro, *salvo* do "ainda-não".

Continuar na linha da *preservação do ter-sido* como esquematização "no passado" da *preocupação* de Deus, ela própria esquematizada como memória de Deus.

Nada do que foi está perdido. Significação mínima: ninguém poderá fazer que esse ser não tenha existido. Mas a esse significado falta a *graça* do sentido *preservado*.

Não ter existido em vão: "do ponto de vista de Deus" (?) é verdade o que o imaginário projeta como providência protetora, poupadora – a saber: nenhum cabelo da sua cabeça cai sem que Deus tenha consentido. Isso quer dizer: tudo faz sentido, nada acontece em vão. Esquema?

inscrição na memória de Deus **[Na margem:** conversa com Olivier Abel.**]**

Talvez possamos acrescentar: retomada do paradoxo "os primeiros serão os últimos": na perspectiva do ter-sido, os que em aparência menos "receberam" e "deram" *receberão* mais. Guarda-se assim algo da ideia de *reparação* das injustiças numa outra vida. Tema que motivou muitas alegações em favor da sobrevivência. Mas pensá-lo de outro modo que sobrevivência do mesmo. *Inscrição corretiva no Eterno.*

A dificuldade: como conservar algo da *temporalidade vivida* (passado, presente, futuro), mas como "esquema de identidade"? É a dimensão temporal do fundamental. Uma maneira de "pensar" segundo esse esquematismo: equilibrar *memória* (preservação do ter-sido) com espera (o que vem, ερχομενοδ). Mas é com *espera* que é maior o perigo de reintroduzir fraudulentamente a *sobrevivência*. Para tanto, enraizar *espera* no *desejo de vida* sob o sinal do desapego perfeito. Deus é o Deus dos vivos, não dos mortos. O que quer dizer: não dos mortos? Dos mortos, como defuntos segundo o imaginário. Os *ghosts* do *shéol,* lugar imaginário da sobrevivência fantasmática/fantasmagórica.

A linguagem pode ajudar essa difícil esquematização: *preservar ≠ conservar*.

d) Será que minha distinção *ipse/idem* pode ajudar?

Sou prudente: (pode ser uma artimanha do imaginário) refúgio no *ipse*? Renunciar até mesmo à *ipseidade*?

Aqui o"budismo"pode ajudar, na medida em que em meu tema da *atestação* pode se ocultar uma resistência ao "desapego".

Eu diria hoje: defensiva filosófica do *ipse* para uma ética da responsabilidade e da justiça. Renúncia ao *ipse* para uma preparação para a morte.

3. Podem-se pensar juntas as duas linhas: de um lado, o "desapego", levado ao extremo da renúncia ao imaginário da sobrevivência; de outro, a confiança na preocupação de Deus,"esquematizada"como memória de Deus e preservação *duradoura* **[escrito acima de duradoura:** *perene*] do ter-sido?

Aqui: a reconstrução por X. Léon-Dufour do paradoxo de Jesus:"é através da morte que a existência se assegura definitivamente. Esse paradoxo pertence com certeza em sua substância às palavras autênticas de Jesus. Ora, a tradição evangélica repercutiu-a excepcionalmente seis vezes; o que demonstra a importância que lhe atribuiu. Através das diversas recensões do paradoxo, a maior parte dos críticos estima que é possível reconstituir em sua origem o seguinte dizer:

Quem quiser salvaguardar sua *psykhé* a perderá,
Quem perder sua *psykhé* a salvaguardará."

[Anotado na margem: ler X. Léon-Dufour 61 ss., **[a propósito de]** Mc 8, 35; Lc 9, 24; Lc 17, 33; Mt 10, 39; Jo 12, 25.**]**

[A passagem que segue é constituída de notas esparsas, escritas na forma de colunas.]

Leio nesse paradoxo a união *paradoxal* do desapego perfeito:

{ *perder sua psykhé* → renunciar à sobrevivência
querer salvaguardar sua *psykhé* → querer sobreviver.

Quem perde sua *psykhé* a salvaguardará → preservar na preocupação de Deus.

Jo 12, 25 exprime com maior precisão: Quem *se prende* à sua existência a *perde* e quem não se prende à sua existência neste mundo a *guardará* na vida eterna.

Pensar o paradoxo na verticalidade, temporalidade, eternidade / salvaguardar [=] agarrar-se à vida, perder [=] entregar, soltar.

Comentário excelente de Jo 12, 25, pp. 69-70: *sôsai / apolesei* [=] prender-se → perder → *guardar*.

X. Léon-Dufour propõe p. 63:

"Quem quer salvaguardar sua existência a perderá
Quem tiver perdido sua existência a salvaguardará."

Mas não é *tempo de sobrevivência,* paralela, para os defuntos-fantasmas, no tempo dos sobreviventes.

Como impedir que o futuro do paradoxo reintroduza fraudulentamente o futuro imaginário da sobrevivência? Na fronteira do "esquematismo" da eternidade e do imaginário temporal... Na fronteira da esperança e da projeção imaginária. É toda a questão da *escatologia* e da sua imposição imperiosa do futuro dos "últimos tempos".

É aqui que a motivação fundamental de Jesus é exemplar, na medida em que a *ideia de serviço* joga para o futuro dos sobreviventes o sentido da morte imanente.

Não é a certeza da própria ressurreição que deve ser sublinhada aqui – e que talvez ou provavelmente **[é]** uma projeção da fé pascoal dos discípulos revezados pelos evangelistas. Se fosse o caso, Jesus não teria morrido como um homem comum, inclusive como o mais humilhado dos condenados. O hino de *Filipenses 2* sobre o rebaixamento e *quenose/necrose* seria esvaziado de todo sentido. Tudo **[deve]** ser posto a nu, e isolado desse contexto pascoal o morrer de Jesus. Então não é sua ressurreição *garantida*, mas a *transmissão do* **[ao]** *outro* da sua obediência no *serviço.* Não se insistirá jamais o bastante sobre a correlação, na categoria do serviço, entre o "desapego" (de si mesmo) e a "transferência para o outro" da eficácia do desapego, o que chamei mais acima de a ética positiva do desapego. A predicação do reino de Deus liga o desapego negativo (renunciar a si) e a força positiva do desapego, a disponibilidade ao essencial que rege a transferência de todas as minhas expectativas vitais ao *outro que é minha sobrevivência.*

Jesus sabe que seu confronto e seus relacionamentos conduzem à morte (X. Léon-Dufour dá por autêntico Mc 2, 19-20: "Mas dias virão em que lhes será tirado o esposo, e então jejuarão naqueles dias"). *Perda* para os amigos;

seu luto antecipado. Jesus faltará. Palavra **[que]** ressoa com veracidade, sem a sobrecarga das "profecias redigidas *a posteriori*" (op. cit., 78). Uma morte violenta anunciada, acolhida na *obediência* e na *dor*. Jesus pôde (ou teve de) aplicar a si mesmo a sorte trágica dos profetas. Donde o: "tinha de". "O Filho do Homem que ele **[é]** deve sofrer muito e ser muito desprezado" (83), "O Filho do Homem tem de sofrer muito e ser rejeitado" (Mc 8, 31; Lc 17, 25).

A morte violenta. Lc 11, 47-51; Mt 23, 29-34.

A morte do Justo perseguido.

Jesus, diz X. Léon-Dufour, não é o sujeito da ação, mas o objeto da decisão divina, de um "tem de" que se relaciona evidentemente com o desígnio de Deus (88).

Igualmente Lc 22, 22: "O Filho se vai conforme o que foi estabelecido."

Não queria cair num fatalismo teológico, num "trágico", sem pelo menos marcar a contrapartida destes: *desígnio antecipado e aceito*. Morte situada numa tradição do morrer violento do profeta.

É precisamente nesse nó que **[se]** conjugam o desapego a si, por obediência à missão, e o transporte aos *outros*. Morrer *em benefício de*. Esse vínculo, que foi teorizado numa teologia sacrificial duvidosa como substituição vitimária, está no cerne dos Cânticos do Servidor Sofrente como *morrer por*. Dar **[é?]** vida. O *dom* transfere **[transforma?]** o desapego em benefício para o outro. O imaginário teológico volta novamente com toda força como "morte redentora".

Belíssimo texto de Urs von Balthasar, citado por X. Léon-Dufour p. 91[3]. Disponibilidade para o acontecimento. Fazer seu papel até o fim. Mas papel que tem seu sentido **[falta um fim de frase no pé da página]**. Nesse sentido podemos retomar Mt 20, 28 **[e]** Mc 10, 45. O Filho do Homem veio... *dar sua vida* em redenção da multidão (*lytron anti pollôn*). Como quer que seja, no que concerne à ideologia da *substituição vitimária* **[Anotado na margem:** o sagrado e a violência**]**. O *curto-circuito*: dar sua vida **[pela]** multidão basta, sem necessariamente passar pela ressurreição mortal, corporal. A *Cruz-Pentecostes* em curto-circuito. Entrega de um, libertação de muitos → instituição eucarística. Este é meu sangue derramado para a multidão. Sangue ≠ sacrifício sangrento. Sangue = *vida*. X. Léon-Dufour é forte aqui: "A redenção não é um termo sacrificial." Contrainterpretação sacrificial de morte violenta anunciada. Limpa o terreno para o puro pensamento do dom da vida *para*. De resto, enquanto o *paradoxo* (mais acima) é repetido cinco ou seis vezes, um só texto de Mc e Mt, e não de Lc, recorre à linguagem sacrificial de *redenção*.

A marca de Jesus se basta: "entre vós sou como aquele que serve" (Lc 22, 27). O inverso da *dominação democrática*: Mc 10, 42-45; Lc 22, 25-27. X. Léon-Dufour tem razão de ousar dizer que Mc 10,45: "dar sua vida em redenção para a multidão" é um acréscimo, que o contexto [é] o *serviço*.

---

3. Esse texto de Urs von Balthasar se encontra em *La foi du Christ* [A fé do Cristo], Paris: Aubier, 1969, p. 181.

Somente o serviço, ligado ao *dom* da vida, ao mesmo tempo destino e obediência.

De minha parte, vejo aí o vínculo *Cruz-Pentecostes,* que reexaminarei na minha crítica dos relatos de ressurreição física. A morte sem sobrevivência adquire sentido no *dom-serviço* que gera uma comunidade.

O Filho do Homem não veio para ser servido, mas para *servir.* O vínculo *morte-sobrevivência no outro* é estabelecido no *serviço para...* associado ao *dom da vida.*

Vínculo entre serviço e refeição. A Ceia junta o morrer (de si) **[e]** o serviço (para o outro) no compartilhamento da *refeição* que junta o homem da morte à multidão dos sobreviventes reunidos em eclésia.

É notável que Jesus mesmo não tenha *teorizado* essa relação e nunca tenha dito *quem* ele era. Talvez não *soubesse;* ele havia *vivido* no *gesto* eucarístico que junta a iminência da morte e seu além comunitário.

Ler X. Léon-Dufour, pp. 96-100 (insistência em Heb[4] sobre o sofrimento de Jesus). Jo: passagem à glória. Mas nenhuma perspectiva sacrificial.

---

4. Heb = epístola aos hebreus.

FRAGMENTOS

[Muitos dos fragmentos que seguem foram intitulados "Fragmentos" (às vezes em maiúsculas). Reproduzimos, em três deles, a numeração sem dúvida provisória dada pelo próprio P. R.: 0(1), 0(2), I.]

FRAGMENTO

TEMPO DA OBRA, TEMPO DA VIDA

Leio na capa de um álbum: *Watteau (1684-1721).*

Essas datas são as do nascimento e da morte de um pintor. O parêntese aberto e fechado encerra um tempo de vida recortado no tempo histórico. Mas não encerra o tempo da *obra* que provém da durabilidade **[?]** ignorante da morte.

O nome próprio Watteau designa assim dois referentes distintos: o nome próprio da obra (diz-se de um quadro: é um Watteau): nome imortal, no sentido de que não pereceu com o pintor, e o nome do existente que outrora pintou e morreu em 1721.

O que é morrer para o existente? É dissociar no nome próprio o imortal do mortal retirando-se da obra por ele acabada.

Os dois tempos, o da obra e o da vida, que tinham se sobreposto até então, se disjungem: o existente que pintava deserta o tempo imortal da obra e se retrai para o tempo mortal da vida (imortal não quer dizer eterno, mas não marcado pela mortalidade do vivo). **[Anotado na margem:** Os andamentos se tornam: aprendizado / início – a obra, anos de fecundidade – declínio / tempo entre a obra finita e a morte.]

O tempo da dissociação pode ser vivido como um tempo intermediário entre o tempo imortal da obra e o tempo mortal do existente vivo: é o tempo do retiro, no sentido existencial de *retiro*, o tempo do *desaparecer*.

É o tempo em que sou; eu ainda participo dos tormentos e das alegrias da criação, como num fim de estação crepuscular; mas sinto na minha carne e no meu espírito a cisão entre o tempo da obra e o da vida; eu me distancio do tempo imortal da obra e me retraio para o tempo mortal da vida: esse distanciamento é um despojamento, um desnudamento do tempo mortal na tristeza do ter-de-morrer, ou talvez o tempo do fim e da pobreza de espírito.

[Numa outra folha, este fragmento:]

As datas de nascimento e de morte do artista emolduram as datas da *produção* de cada obra como acontecimento de vida; mas essas datas emolduradas são simultaneamente os momentos em que a obra se excetua do tempo de vida e se reinscreve no tempo imortal – "angélico" – da obra, tempo trans-histórico da recepção da obra por outros vivos que têm seu tempo próprio.

FRAGMENTOS

FRAGMENTO I.

1. –"Um acaso transformado em destino por uma opção contínua": meu cristianismo.

Essa fórmula, que me serviu em outra oportunidade para eliminar do meu campo de opção inter-religioso a hipótese de uma violência do religioso como tal, requer um esclarecimento à altura da sua ambição. Espero desse que me ajude a assumir, no plano hermenêutico, o fardo de aporias que veicula.

Um acaso: de nascimento e, mais amplamente, de herança cultural. Aconteceu-me replicar aqui à objeção: "Se o senhor fosse chinês, haveria pouca probabilidade de que fosse cristão." Certamente, mas vocês estão falando de outra pessoa, não de mim. Não posso escolher nem meus ancestrais, nem meus contemporâneos. Nas minhas origens, há uma parte de aleatoriedade, se olho as coisas de fora, e se as considero de dentro, um fato situacional irredutível. Eu sou assim, por nascimento e herança. E assumo isso. Nasci e cresci na fé cristã de tradição reformada.

É essa herança, indefinidamente confrontada, no plano do *estudo*, com todas as tradições adversas ou compatíveis, que digo transformada em destino por uma opção contínua. É dessa opção que sou intimado a prestar contas, a vida toda, com argumentos plausíveis, isto é, dignos de ser defendidos numa discussão com protagonistas de boa-fé, que estão na mesma situação que eu, incapazes de dar razões para as raízes das suas convicções. O título das minhas conversações com Azouvi e de Launay reflete bem esse paradoxo: *La Critique et la Conviction* [*A crítica e a convicção*][1]. Aconteceu-me também propor a distinção entre argumento e motivação: no primeiro há promessa de explicar a parte transparente das minhas convicções; sob o nome de motivação abro espaço para a parte opaca dessas convicções; essa parte não se limita aos afetos, emoções e paixões, em suma, ao lado irracional das minhas convicções, oposto ao lado racional dos meus argumentos; ela inclui tudo o que coloco sob o título de herança, de nascimento e de cultura. Responde a essa opção contínua a virtude de honestidade intelectual, de *Redlichkeit*, que Nietzsche recusa aos cristãos. Não escondo que toda a história argumentativa, que situo sob o título de "opção contínua", comporta arbitragens que, ademais da plausibilidade de todo argumento de boa-fé, não vão além, no plano epistemológico, de um grau variável de probabili-

1. *La Critique et la Conviction. Entretiens avec François Azouvi et Marc de Launay*, Paris: Calmann-Lévy, 1995. [Trad. bras.: *A crítica e a convicção*. São Paulo: Almedina Brasil, 2009.]

dade, o que Platão, se não me engano, situava sob a denominação "reta opinião" (*orthè dóxa*).

Por essa opção contínua, um acaso transformado *em destino*. Com essa palavra destino não designo nenhuma coação, nenhuma carga insuportável, nenhuma infelicidade, mas o próprio estatuto de uma convicção, do qual posso dizer: assim, me seguro; a isso eu adiro. (Chouraqui[2] acaso não traduz o grego **[*pistis*[3]]** por "adesão" em vez de "fé"?) O termo adesão, além do mais, é apropriado no caso do cristianismo a que... adiro e que comporta o apego a uma figura pessoal sob a qual o Infinito, o Altíssimo, se faz amar.

É desse destino agora que procuro exprimir o estatuto hermenêutico. Corro o risco de caracterizar o "aqui me seguro" – outra fórmula do destino em que o acaso se transformou – pelo paradoxo de um absoluto relativo. Relativo do ponto de vista "objetivo" da sociologia das religiões. O tipo de cristianismo a que adiro se deixa distinguir como uma religião entre outras no mapa da "dispersão" e **[da]** "confusão" sucessivas a Babel; depois de Babel, não designa nenhuma catástrofe, mas a simples constatação da pluralidade característica de todos os fenômenos humanos. Relativismo, se quiserem. Assumo esse juízo externo. Mas, para mim, vivenciada de dentro, minha adesão é absolu-

2. A tradução da Bíblia por André Chouraqui (para a Editora Desclée de Brouwer) é conhecida como uma tentativa – ao mesmo tempo admirada e contestada – de restituir a força e a originalidade do hebraico e da cultura bíblica.

3. A palavra falta, mas é repetida adiante.

ta, enquanto incomparável. Não radicalmente escolhida, não arbitrariamente posta. Insisto na inserção do predicado "relativo" no sintagma "absoluto relativo" para inscrever na confissão a marca da aleatoriedade originária, elevada ao nível de destino pela opção contínua. Aceitaria eu falar de preferência? Sim, numa situação de discussão e de confronto, em que o caráter plausível, probabilista, da argumentação é tornado manifesto pela incapacidade de conquistar a adesão do meu contraditor. Confissão de fraqueza *pública*, de uma adesão *forte* em meu coração.

[Na margem dos dois parágrafos que seguem, numerados 2 e 3, Ricoeur colocou um grande colchete com a indicação: + adiante.**]**

2. – Meu dilema sobre a significação para mim da pessoa de Jesus: o que pensar das ideias de satisfação e de substituição da cristologia sacrificial? Pode-se eliminá-las sem resto? Um Cristo somente modelo? O que pensar do "por" – por nós – do "sacrifício" do cordeiro de Deus?

3. – Apoio, na busca de uma terceira via, da hipótese de uma história de Deus organizada em outra parte que não nas Escrituras bíblicas, ou mesmo de uma conversão do divino, à maneira da transformação das *Erínias* em *Eumênides* na *Oréstia* de Ésquilo (leitura de François Ost em *Raconter la Loi* [*Contar a lei*])[4]. A cólera de Deus superada e conservada em "temor" a Deus? **[Fim do excurso.]**

---

4. François Ost, *Raconter la Loi. Aux sources de l'imaginaire juridique*, Paris: Odile Jacob, 2004. [Trad. bras.: *Contar a lei. As fontes do imaginário jurídico*. São Leopoldo: Unisinos, 2005.]

2. – Não saio do terreno do estatuto hermenêutico da *adesão* sem me ver confrontado com o problema corolário da *reciprocidade* na situação de confronto inter-religioso. O outro também pode reivindicar o mesmo acaso transformado em destino por uma opção contínua. Claro, e de um ponto de vista exterior, Moisés, Jesus, Maomé, Buda devem ser postos no mesmo plano na enumeração dos fundadores de religião, e os crentes dessas múltiplas obediências têm direito a uma consideração igual. Mas se falarmos em termos de adesão pessoal ou comunitária, a questão se torna a da reciprocidade, e não da comparação; e se coloca a aporia da dissimetria na mutualidade que encontro no fim do *Parcours de la reconnaissance* [*Percurso do reconhecimento*][5]. O outro nunca será um *alter ego*. Na linguagem husserliana, será no máximo captado, alcançado por apreensão analogizante quanto a seu ato íntimo de adesão a seu fundo de convicção. Eu falava em termos de imaginação e de empatia.

Isso exclui todo empréstimo, todo sincretismo? Sim, como dom-juanismo irresponsável e superficial; não como *estudo* e transformação em profundidade dos conteúdos de crença. Mas a alteridade do outro como outro permanece irredutível. É então um problema político no sentido lato da coabitação das fidelidades religiosas.

Fora isso, não se deve confundir comparação e controvérsia: a comparação é o olhar de fora, a controvérsia

---

5. Paul Ricoeur, *Parcours de la reconnaissance. Trois études*, Paris: Stock, 2004, pp. 227-38. [Trad. bras.: *Percurso do reconhecimento*, São Paulo: Loyola, 2006.]

assinala o engajamento do crente, fiel de uma tradição da sua própria religião. Cada religião é intimada a se definir por distinção e oposição às outras: é nesse sentido que a controvérsia é integrada à adesão. Ora, uma confissão não sai indene dessa controvérsia. Como diz Renée Piettre no fim de um artigo sobre as eventuais relações da pregação de Paulo com círculos epicurianos, por ocasião do confronto com os filósofos atenienses no Areópago de Atenas (nos Atos dos Apóstolos): "A doutrina nasce de interações constantes e *se alimenta do que nega*" (*Diogène* 205, p. 67)[6]. Assim, a controvérsia se inscreve na história da interpretação e contribui para a formação das tradições de leitura e de interpretação com cuja herança reconheço-me em dívida.

[O complemento que segue, acrescentado *in fine* a este fragmento, está incluído num colchete à margem com a indicação + acima**; ele se prende ao que está dito anteriormente sobre a adesão.]**

A propósito da *adesão* (*pistis*) e do seu arraigamento nas minhas heranças culturais.

Estas são ricas em mediações textuais carregadas de história: histórias de interpretações geradoras de tradi-

6. Cf. Renée Piettre, "Pluralisme et diversité culturelle" [Pluralismo e diversidade cultural], *Diogène*, nº 205, jan.-mar. de 2004. Ela é a autora do preâmbulo (pp. 3-10) e do artigo intitulado "Paul et les Épicuriens d'Athènes: entre polythéisme, athéisme et monothéismes" (pp. 52-68). Ela também resenha nesse mesmo número (pp. 159-65) a obra de Philippe Borgeaud, *Aux origines de l'histoire des religions*, Paris: Seuil, 2004.

ções. Minha relação com a pessoa e a figura de Jesus é, assim, duplamente mediatizada: por textos canônicos, eles próprios carregados de interpretação, e por tradições de interpretação que fazem parte da herança cultural e da motivação profunda das minhas convicções. É nesse sentido que reconheço "aderir" à tradição evangélica reformada. Não há fé "imediata"[7].

7. "Não há fé 'imediata'" é riscado, depois restabelecido.

FRAGMENTOS

FRAGMENTO 0(1)

Não sou um filósofo cristão, segundo o boato corrente, num sentido voluntariamente pejorativo, se não discriminatório. Por um lado, sou filósofo, simplesmente, inclusive filósofo sem absoluto[1], preocupado com, fadado a, versado na[2] antropologia filosófica, cuja temática geral pode ser posta sob o título de antropologia fundamental[3]. Por outro, sou um cristão de expressão filosófica, como Rembrandt é pintor simplesmente e cristão de expressão pictórica, e Bach músico simplesmente e cristão de expressão musical.

Dizer "filósofo cristão" é enunciar um sintagma, um bloco conceitual; em compensação, distinguir o filósofo confessional do cristão filosofante é assumir uma situação esquizoide que tem sua dinâmica, seus sofrimentos e suas pequenas felicidades.

---

1. Jean Greisch. *(Nota de Ricoeur.)*
2. Os três adjetivos estão superpostos no manuscrito.
3. Segundo a expressão do filósofo suíço Pierre Thévenaz, aliás protestante como eu. *(Nota de Ricoeur.)*

Cristão: alguém que professa uma adesão primordial à vida, às palavras, à morte de Jesus. É essa adesão que, para o filósofo de ofício e de cultura, para o pensador de cultura filosófica, suscita o discernimento, a preocupação de dar razões, de apresentar o melhor argumento nas situações de confronto e do que chamo mais adiante de controvérsia **[na margem:** próprias da expressão pública]. Mas essa mobilização da competência filosófica não compromete a liberdade de pensamento e a autonomia – eu diria inclusive a autarquia, a autossuficiência – próprias da pesquisa filosófica e da estruturação do seu discurso.

FRAGMENTO 0(2)

Quero **[dizer]** sem mais demora o que me atormenta de forma insistente em minha relação de adesão refletida à figura de Jesus, o Cristo. Trata-se simplesmente, se ouso dizer, de seguir um modelo excepcional, como um desses profetas a que Bergson reconhecia um poder de ruptura, de invenção e de arrebatamento? Ou, no extremo oposto, na linha das teologias sacrificiais, de uma morte ao mesmo tempo ofertada aos homens e destinada a satisfazer a justiça implacável de Deus, que pede aos homens satisfação por um pecado digno, ele próprio, de morte e encontra essa satisfação na "substituição" do próprio Filho de Deus Pai, que morre em nosso lugar? Devo dizer que uma grande parte da minha energia argumentativa entre mim e mim mesmo se despende em minha rebelião contra essa juridicização de toda a problemática e um protesto contra essa teoria sacrificial em que vejo o pior uso da inteligência da fé. Revolta que não obstante não me conduz a me retrair para o acompanhamento de um modelo inclusive fora de medida. Que significa o "por nós" que está no âmago da minha adesão à versão reformada da tradição cristã?

Fiel a uma estratégia de retardo que me é familiar, procurarei em tradições extrabíblicas um incentivo para falar *de outro modo.*

Mas antes quero me explicar sobre o que chamo de adesão, em vez de fé, e sua relação com a argumentação que faz de mim um cristão de expressão filosófica.

A CONTROVÉRSIA

É o conceito mais apropriado para explicar ao mesmo tempo uma situação e uma atitude, uma prática.

Se é verdade, como diz Renée Piettre, "que uma religião só existe definindo-se em relação a outra" (p. 160, a propósito de Borgeaud)[1], é como *opção* (*hairesis*) "à custa" desta, opção que implica muito mais um conhecimento relativo do que a ignorância e a indiferença; logo é algo como uma "observação", logo uma "história comparativa" que põe no caminho do "olhar distanciado do historiador". Mas então é posta entre parênteses a *adesão* pela qual o fiel de uma tradição se engaja pessoalmente na relação assimétrica que **[entre?]** "nós" e "os outros", estranhos de certo modo. A controvérsia é um equilíbrio difícil entre *distanciamento* e engajamento pessoal, talvez o que R. Piettre caracterize como "posição intelectual subjetiva momentânea" (160) "capaz de manter sempre o olhar distanciado do historiador".

1. Cf. n. 6, p. 62.

Vejo antes um conflito entre o engajamento próprio da controvérsia e do olhar distanciado. A controvérsia é, nesse sentido, distinta do comparatismo, que pretende ser neutro, exclusivo da adesão religiosa.

	engajamento	
Opção		opção *entre* e opção *contra*
	"sectário"	sem exclusão
		distância

A interiorização dessa opção complexa, ambígua, é que leva a dizer:"A doutrina nasce de interação constante e se alimenta do que nega" (Piettre 67).

Interação se beneficia da controvérsia vs. **[ferida?]** do sujeito.

O problema encontra uma sedimentação nos limites do"triângulo teológico": deuses egípcios com cabeça animal, deuses gregos de forma humana e aniconismo do deus dos judeus. Mas este é desenhado de um ponto de vista externo neutro, o da história das religiões. É desse ponto de vista apartado que são percebidos os olhares cruzados entre uma cultura e outra com seus corolários: a tradução de uma na língua da outra e a avaliação comparativa de uma em relação à outra. A controvérsia entre **[fiéis?]** é que é separada então da sua carga emocional ligada à *adesão* a uma ou outra **[doutrina, o?]** que dá seu tom *agonístico* à controvérsia. Pode-se falar de uma oscilação entre o agonístico ou a dramaturgia da controvérsia e o olhar *distanciado* – no sentido de não engajado – do historiador. Se, mais uma vez, pode ser dito que "uma religião só existe definindo-se em relação a outra", o que chamei para mim mesmo de "opção contínua" entre acaso e destino não está desvinculado dessa opção sectária (*hairesia*) que é caracterizada pela oscilação entre a controvérsia engajada e a distância comparatista. Esta não é **[a página para bruscamente, continuação não encontrada]**.

A "SAGA" BÍBLICA (1)

Leitura de Finkelstein e Co., *La Bible dévoilée* [*A Bíblia não tinha razão*][1] (uma [?]).

Passada a surpresa, que resta?

A surpresa é grande, mesmo para um leitor tão pouco apegado quanto eu à historicidade dos personagens e dos relatos.

Restava um velho fundo que vou reexaminar: a grande antiguidade de Abraão, a força cênica da passagem do mar dos Caniços, da errância de quarenta dias no deserto sob a conduta de Moisés, a conquista de Canaã – mas principalmente a cadeia genealógica dos patriarcas cuja descendência povoa a terra; história de José, a glória de Davi e o esplendor do templo de Salomão etc.

---

1. Israël Finkelstein e Neil Asher Silberman, *La Bible dévoilée. Les nouvelles révélations de l'archéologie*, Paris: Bayard, 2002. [Trad. bras.: *A Bíblia não tinha razão*, São Paulo: Girafa, 2003.] Esse livro, que foi um *best-seller*, mostra a partir da arqueologia que os "conhecimentos históricos seguros" relativos à Bíblia datam do século VII, ou mesmo do século VI a.C. Não só não se sabe nada de certo sobre Moisés (século XIV a.C.), como tampouco sobre os primeiros reis de Israel – em particular sobre Davi e Salomão (século X a.C.) –, e o que se sabe é muito frágil.

E pronto, nada disso aconteceu, a argumentação arqueológica é irrebatível; não há vestígio de passagem, de ocupação dos solos, de edificação.

Nada de histórico antes do século VII, antes de Josias, a pseudodescoberta do Livro, o Deuteronômio. Um pequeno Judá tomando o lugar de um mais poderoso Israel/Samaria e cuspindo fogo antes de ser varrido por sua vez até a deportação. Seguirá o retorno, o tempo do judaísmo e do novo Templo e a teografia sob a tutela persa. Aqui a história contada tem bases; a crítica textual e a arqueologia andam juntas.

Surpresa portanto da perda de uma *ilusão* que foi, ela própria, fundadora, pois são Paulo, como os judeus de seu tempo, não duvida da historicidade de Moisés e do seu direito de remeter-se desta à de Abraão, "o pai da fé", além e aquém de Moisés, o pai da lei. Uma grande parte da argumentação tirada das Escrituras repousa na historicidade e na vetustez dos relatos da Torá. Paradoxo: os judeus acusam os cristãos de os terem despojado da sua história metaforizando-a (argumentos "proféticos" à parte e colocando um problema mais complexo), então essa história era construída e tem um sentido já metaforizado (é talvez o que haveria de específico na desilusão dos cristãos, sobretudo protestantes, que reivindicam mais o Antigo Testamento).

A SAGA BÍBLICA (2)

O que deverá nos deter, antes do problema da escrita da *saga*, remontando do século VII para [os] séculos X-VIII (?) fictício, é a *função* ligada a essa invenção – a saber, a fundação de uma entidade *política* que tira a sua autoridade da história que contou.

Eis uma monarquia não apenas justificada de existir por Iavé, mas pela suposta historicidade da sua longa história. Em suma, uma *teologia política* – uma figura do *teológico-político*. A vetustez de Abraão funciona como a autoridade da vetustez e [a] vetustez da autoridade. Mas, sobretudo, por um lado a genealogia na escala ancestral possibilita, por via de procriação e de filiação, explicar a totalidade do povoamento conhecido da terra num vasto e distante parentesco *esquecido*; por outro lado, a essa disseminação exogâmica corresponde uma disseminação que podemos dizer endogâmica, já que podemos considerar os hebreus como uma só grande família que também perdeu o rastro de si mesma sob a dupla figura de Israel do Norte e de Judá do Sul. Sua unidade genealógica justifica não só a negação para os judaítas do direito de existir como entidade distinta legítima, a pretensão de reagrupar todos os hebreus sob uma mesma entidade teológico-política sob a égide do primeiro Israel, Jacó. Os judaítas serão doravante autênticos israelitas. Um elo. A esse respeito, a invenção – se não dos próprios personagens de Davi e de Salomão –, pelo menos da glória e do esplendor do seu reinado se tornou uma peça-mestra dessa pretensão ao agrupamento hegemônico a contracorrente d**[a]** verdadeira história atestada.

Que dizer dessa construção essencialmente política? Duas coisas muito contrastantes.

Por um lado, a admiração transferida da historicidade para o *mítico-poético*. Que gênio **[?]** literário esse sonho político suscitou. O que põe à parte, uma primeira vez, essa saga é que ela não funciona, como na *Ilíada* e na *Odisseia*, como ficção paralela à história política – ainda que recurso moral de alto valor pedagógico –, mas precisamente como história presumidamente verdadeira e, a esse título, fundadora da história presente (vestígio de gênero **[?]** de saga em mim: santa Genoveva, Rolando, Joana d'Arc, ou mesmo Clóvis e Carlos Magno, mais comprovados). Logo, que *força mítico-poética* posta em movimento, posta a serviço de uma petição teológico-política; fundar "*historica***[mente]**" uma pretensão teocrática.

Até aqui sou grato ao meu guia arqueólogo. Mas o que este não explicará nunca, principalmente se não juntar à crítica textual **[faltam palavras]**; é por isso que essa teologia política comporta a dimensão teológica que a coloca à margem de todas as teologias políticas do Oriente – do Egito à Assíria, à Mesopotâmia e até à Pérsia (voltaremos ao ponto). O que a história comparada das religiões (com Borgeaud e Piettre) qualifica como *aniconicidade*: um deus que é um Nome, mas que não tem ídolo com forma humana à maneira grega ou com forma mista (animal-homem).

Uma teologia que põe à parte o povo que constrói sua teologia política como base nessa especificidade anicônica. Decorre daí o desdobramento ético-teológico impensável sem essa devoção ao Nome sem imagem; nem figura, nem estátua, nem representação plástica. Isso, a explicação arqueológica nunca explicará. Ao contrário, ela situa a si mesma graças a essa anomalia teológica relativamente ao comparatismo. Por que Iavé e não Baal? Só se exterminam fisicamente os ídolos para **[o]** fortalecer, quando não para o recobrar. A fé incessantemente perdida, com que os Profetas fustigam o povo que não curva a cabeça.

Núcleo *opaco* de uma teologia política tornada ímpar por essa confissão primeira que o Deuteronômio proclama e talvez funde desse modo. *Shema Israel...*

Nossos autores arqueólogos podem ter orgulho de pertencer a um povo que funda o judaico-cristianismo e, em certo sentido, a cultura ética do Ocidente, do mesmo modo que a filosofia e a tragédia grega.

A saga teria sido, como outras, agradável, instrutiva, pela força de evocação de um leque imenso de experiências, de sonhos, de fracassos, não apenas se se houvesse confinado na ficção e se **[não]** houvesse *fundado* uma história com base numa história imaginária, mas se houvesse apoiado sua teologia política em outra variante de culto de ídolo.

A admiração pelo gênio mítico-poético de Israel compensa rapidamente a primeira decepção de ter perdido... um *ídolo* histórico: o verdadeiro Abraão, o verdadeiro Moisés; mas se desdobra em uma *reconhecedora* admiração pelo próprio pressuposto teológico.

FRAGMENTOS

DEPOIS DA LEITURA DE PHILONENKO[1]: *O "PAI NOSSO"*

É, diz ele, uma *invocação*, não uma *enunciação*. Quer ele dizer que não se diz nada do que Deus *é*? Que não há ontologia? Claro, não há nada de *grego*, como será **[o caso]** com os Padres. Mas não há implicitamente **[?]**, por exclusão, e também por *possibilitação*, um dito *sobre* Deus.

O que surpreende no vocabulário é a dominância do *fazer*. De resto, uma invocação se dirige a um Deus que pode o que faz. Nos pedidos em "tu", pede-se a Deus para *fazer* que ele reine. **[Na margem:** Talvez um Deus do *posse***?** (Richard K.). Ver outro fragmento**.]** A visão escatológica é a de uma completude do *Agir*. A própria estrutura do pedido é a *expectativa*, isto é, mais que o desejo, mais que o optativo, a saber, a confiança na consumação do *Agir*. Duas marcas no vocabulário coincidem com a marca na gramática (imperativo), as palavras *reino* e *vontade*. Uma marca uma *política* sublimada, a outra uma *psicologia* su-

1. Marc Philonenko, *Le "Notre Père". De la Prière de Jésus à la prière des disciples*, Paris: Gallimard, col. "Bibliothèque des histoires", 2001.

blimada: não estamos nem em Hobbes e o problema da soberania humana, nem em Descartes e a vontade no juízo. *Reino* e *vontade* estão à medida do *Agir* puro.

Os pedidos em "nós" confirmam:

"Perdoa-nos assim como nós perdoamos as ofensas."

Pedimos para ele *receber* o agir por nós, à medida do nosso agir em relação aos outros, na dimensão da ofensa que é um *agir* negativo de nossa parte. Dois agires são acoplados: o de Deus, o dos homens. O *assim como* (*hôs*) opera verbalmente o que a simetria desigual dos dois agires opera efetivamente.

O último pedido, tal como é reescrito por Philonenko:

"E faz que não entremos na provação, mas livra-nos do Maligno"

põe em cena: – o Agir, com a nota *negativa* (faz que não)
– nosso agir na *provação excessiva*
– o diabólico que gera a provação.

Triangulação do agir:

1. Faz que não. Agir por não
2. Agir humano submetido à provação excessiva. Ser provado em seu agir
3. Diabólico tentador: enigma do mal que em seu anonimato é e não é Alguém.

Seria essa a possibilitação que uma **[de uma?]** enunciação em termos de agir. Não grego. Mas possibilidade de uma reescrita do verbo ser à maneira de Aristóteles. Ser como *dynamis – enérgeia.*

O agir torna *possível* essa reescrita do ser grego. Como já Êxodo 3, 14-15. Ver *Pensar a Bíblia*[2] sobre "eu sou quem eu serei".

2. Cf. André LaCocque e Paul Ricoeur, *Penser la Bible*, Paris: Seuil, col. "Points Essais", 2003, pp. 346-85: "De l'interprétation à la traduction".

FRAGMENTO

JACQUES DERRIDA

"Estou em guerra contra mim mesmo"
Le Monde, 9 de agosto de 2004[1]

Tomo o mesmo ponto de partida: que não creio.

Se "aprender a viver enfim" é aprender a morrer, a levar em conta, para aceitá-la, a mortalidade absoluta sem salvação, sem ressurreição nem redenção, compartilho todo o negativo. Eu também não espero a ressurreição para mim – como escrevi em *La Critique et la Conviction*. Primeiro, recuso todo o imaginário de um **[sobreviver?]** de **[?]** a sobrevivência dos **[outros?]**. Sobrevivente temporário, eu sou. Mas não **[?]**, sem **[isenção]**. Entrego meu espírito a Deus *pelos outros*. Esse vínculo, essa transmissão tem seu sentido além de mim e aí está oculto um sentido a que Deus talvez me associará de uma maneira que não posso imaginar; resta: permanecer vivo até a morte.

---

1. Trata-se de uma entrevista de Jacques Derrida.

Sim, começo a me afastar de D. Seu primeiro olhar é para a geração da qual ele é o último representante. Não tem *contemporâneos* a amar e **[a]** somar ao seu aprendizado do morrer e do viver. Sozinho na espera, na sobrevivência. Mais herdeiro do que contemporâneo. (Sob esse aspecto, ele reúne amplamente, de Lacan a Sarah Kofman, ainda que continue a discutir com alguns; mas ele os reúne.) **[Na margem:** Um só contemporâneo nomeado, Habermas, mas um verdadeiro *vis-à-vis*. Mais ligados pelo 11 de setembro.**]** A confissão: "Aprender a viver é sempre *narcísico*", confissão aterrorizante para a fidelidade pela leitura. "Pedir-me para renunciar ao que me formou, ao que tanto amei, é me pedir para morrer." "Sim, Jacques, digo isso com você." Mas confio isso aos meus. Os meus. Volto ao *pelos outros* acima. Devo dizer que não posso ligar fidelidade à desconstrução, ainda que distinguida como "destrutiva", mas ligada a uma revolução pungente e total da linguagem, vejo **[nisso]** um sinal de narcisismo verbal. Isso muda muito a ideia de vestígio que passa pelos meus. Uma frase me volta: "a esperança de que ele sobreviva a mim". Todo o religioso está aí, com vínculo entre meu querer-viver e os meus. É verdade que não nutro a ilusão de acreditar que não começaram a me ler. Sou mais ordinário e sem dúvida minha obra durará menos que a de Derrida que é propriamente extraordinário. Mas há o vestígio dos outros, ao qual o meu se junta à sua medida. Isso faz parte da esperança de que o meu sobreviverá. Quem sabe se **[?]** mesmo os que não deixam vestígio escrito *make a difference in God*?

Résurrection.

– Niveaux de sens. | entre l'événement et la structure de "l'[illegible]" l'idée au contemporain [illegible]

1. niveau [illegible] l'événement [illegible] miracle → apocalypse. Fin du monde = Monter ancien.

= événement [illegible] narratif [illegible] récits.

X[illegible] signification [illegible]

de la mort à la vie → Renversement

promesses [illegible] Signes [illegible]

Dissipe [illegible] fuyant → Pentecôte [illegible]

prophéties [illegible]

Retour "Anastasis" réunit 1 et 2.

Revenir [illegible] Hosanna [illegible]. Promesse au vi[e]

3. Les corps de gloire → victoire de la vie sur mort dans la vie:

Niveau expérientiel historique. Résurrection | Gnosticisme Réconciliation

cf. "Renaissance" [illegible] le [illegible] de la vie et [illegible]

"[illegible] de printemps"

une saisonnalité [illegible]

Joie

Niveau anthropologique [illegible] | Toujours | Résurrection naturelle

Pulsion vitale ≠ pulsion de mort

universel ? ≠ 1 [illegible] freud

communicable | Eros | Thanatos — désir.

partage.

= Structure de l'être au monde ? "Ethique"

≠ 1

Structure du temps.

Cela Explique que fête échappe à [illegible] mais aussi aux rites du [illegible]

Travaux [illegible] par [illegible]

Mais Résistance de la vie à la mort

[illegible] ce qui était mort ?

5. Eschatologique.

Mort d'[illegible] vaincu

de [illegible] pas encore.

Anticipation messianique

D'[illegible]: [illegible] mort régné.

RESSURREIÇÃO

Níveis de sentido entre o acontecimento e
a estrutura do
ser no
mundo

"prova"
apologia em controvérsia **[?]**
o h. miraculado → apologia.
Fim do milagre na
Ascensão.
Subir ao céu

1. nível

= acontecimento único narrado
= *narrativo* (o Evangelho)

2. Cristo ressuscitado / significação *precede* relatos
promessas consumadas *da morte à vida*
→ *Inversão*

profecia Messias — sinais comunitários

Retorno — Discípulo fujão → Pentecostes

Voltar [ ] — compensa

Ascensão

"Anúncio" reúne 1 e 2

glória → Hosana. Salmo também

3. As experiências de Vitória da vida sobre morte na vida:

nível experiencial — Êxito / cura (2, 1)

histórico

experiência: — Reconciliação (3)

"Renascimento" = época — Amor à vida

"Sagração da primavera" felicidade — 4 e **[vida]**

Uma estação: a primavera

4. Nível antropológico

Universal? Luz Treva / dia noite / Renovação natural

= comunicável

compartilhado primavera — Pulsão vital ≠ pulsão de morte

Eros / Tânatos — Freud

= *estrutura* do ser no mundo? — *desejo*

"Ser em vida"

Estrutura do tempo — Isso explica que *festa* Páscoa escapa à comunidade

mas também aos ritos de culto

Atravessa o espaço público

Resistência da vida à morte

Mas — vitória sobre morte

do que estava morto??

5. Escatológico

Morte de Cristo vencida **[?]**

O último dia ainda não

antecipação messiânica

Daqui até lá:

a morte reina

[Páscoa de 2005]

POSFÁCIO

As poucas palavras que seguem são as de uma próxima de Paul Ricoeur durante os dez últimos anos da sua vida; elas se esforçam para reconstituir o contexto em que foram concebidas e redigidas as páginas póstumas aqui apresentadas. Recordemos que Paul Ricoeur dava aos próximos, "essas pessoas que contam para nós e para as quais nós contamos", um lugar bem particular. O termo aparece claramente em *La Mémoire, l'Histoire, l'Oubli*, a propósito do nascimento; retorna também a propósito da morte (pp. 161 e 468).

A primeira série de textos – 25 páginas manuscritas redigidas com punho firme – estava reunida numa pasta de cartolina assim etiquetada: "Até a morte. Do luto e do júbilo. P.R." Não tem data, mas algumas cartas e documentos guardados na pasta, algumas alusões a nossas conversas de então me permitem pensar que essa meditação sobre a morte foi considerada depois do verão de 1995 e que sua redação começou no início do ano de 1996.

Depois, a pasta subitamente fechada foi deixada de lado, coberta com o correr dos anos por pilhas de textos, de correspondência, de artigos de jornal, num canto da sala de estar da casa de Châtenay-Malabry. Nunca mais Paul Ricoeur fez alusão a ela. Encontrei-a no meio de outros arquivos vários meses após sua morte.

Em 1996, Simone Ricoeur, que compartilhava a vida de Paul havia 63 anos, se extinguia suavemente, vítima de uma doença degenerativa, cada dia mais debilitada mas silenciosamente presente na sala de estar dos Murs Blancs. Os que já sentiram se extinguir os seres que amam conhecem o desconcerto que nasce dessa situação e aumenta com ela; com a maior simplicidade, Paul fazia de tudo para enfrentar o fim de Simone em casa. A meditação sobre a morte foi iniciada então, feita ao lado dela, como que solidariamente: as visitas da dra. Lucie Hacpille, especialista em terapia paliativa, ritmavam esse desenrolar e acompanhavam o casal. Mas a angústia que Paul experimentava era tamanha que precisava, ao contrário, para continuar vivo, multiplicar os encontros, as viagens, os compromissos de trabalho[1]. Imperativos contraditórios! A meditação

---

1. No dorso da sua agenda universitária de 1996-1997 encontro, recapitulada como para verificar que tudo segue normalmente, a lista das suas viagens nesse período:

"Ulm
Março: São Petersburgo/Moscou
15 abril: Nápoles
28 maio: Copenhague
Outubro: Roma Veneza
Namur
Julho: Dublin

sobre a morte, "difícil e tardio aprendizado" iniciado por ascese, se tornava um peso muito além do que podia então suportar; é por isso que, se bem me lembro, interrompeu deliberadamente a redação desse texto em abril de 1997. Naqueles anos, tornei-me verdadeiramente familiar à casa: pertencíamos à mesma paróquia de Robinson, eu esperava com minhas visitas quase cotidianas fazer que aquela provação fosse mais leve para ambos, possibilitar a Paul essas viagens e dar a Simone toda a atenção possível. Ela teve de ser hospitalizada nos últimos dias de 1997 e morreu na clínica no dia 7 de janeiro de 1998, com Paul e o filho deles, Marc, a seu lado.

Entre "Até a morte. Do luto e do júbilo" e os derradeiros escritos, que o próprio Paul Ricoeur intitulou de "Fragmentos", passaram-se oito anos, durante os quais o "desejo de viver" foi mais forte: o trabalho, a escrita (*La Mémoire, l'Histoire, l'Oubli* foi publicado em setembro de 2000, *Parcours de la reconnaissance* em janeiro de 2004), as viagens, as distinções honoríficas, os encontros, a força do inesperado, a amizade compartilhada que atenua a solidão. No decorrer da redação de *La Mémoire, l'Histoire, l'Oubli*, várias vezes Paul me confiou que fazia "grandes avanços" em sua reflexão sobre o "comum ter-de-morrer"[2].

---

30 set. 4 out. Oslo
12-15 out.: Friburgo
26-29 out.: Sofia
6 nov. Avignon TGV"

2. Frédéric Worms reconheceu todos os momentos desse avanço e os expôs: "*Vivant jusqu'à la mort... et non pas pour la mort*" [Vivo até a morte... e não para a morte] ("La pensée de Ricoeur" [O pensamento de Paul Ricoeur], *Esprit*, março-abril de 2006, pp. 304-15).

Foi nesse momento que, sem querer nem poder antecipar o tempo da sua própria morte, ficou entendido entre nós que a enfrentaríamos juntos, que eu seria a amiga que o ajudaria a "passar suavemente". Mas, enquanto isso, o desejo e a esperança reafirmados de "permanecer vivo até a morte"... Ao festejar seus noventa anos, ele dizia a alguns amigos reunidos: "Existe a simples felicidade de ainda estar em vida e, mais que tudo, o amor à vida, compartilhado com aqueles que eu amo, enquanto ela me é dada. A vida não é, acaso, o dom inaugural?"

Entretanto, o verão de 2003 (o "verão da canícula") quebrou essa harmonia: uma brusca alta da pressão lhe fez perder a visão de um olho, o que causou não apenas a dificuldade de ler que se pode imaginar, mas também a perda do equilíbrio necessário para andar. A degradação do seu estado físico, quando ele conservava toda a sua força intelectual, acarretou uma depressão contra a qual ele se esforçou para lutar; mas ela era ainda mais profunda porque, tendo acabado a redação de *Parcours de la reconnaissance*, ele não se sentia mais estimulado por seu trabalho de escrita. Em maio de 2004, uma debilidade cardíaca causou um edema pulmonar que os médicos tentaram tornar menos severo até a última noite, em sua casa, nos Murs Blancs. Mas a velhice agora se fazia sentir na carne. Embora tendo entrado no que ele dizia ser uma "depressão lúcida", esforçou-se o maior tempo possível para captar o que podia de "presente vivo": lendo – e falando com paixão das suas leituras –, escrevendo, interessando-se pelo mundo, recebendo alguns amigos, sentindo sede de trocas e, quando o uso da palavra se fazia difícil, compartilhando a escuta da música. Em junho de 2004, tomou a decisão de continuar a escrever, mas desta vez o que ele logo chamou de "fragmentos". Leveza do projeto material: algumas folhas numa bandeja e um lápis que o acompanhavam por toda parte; maleabilidade e brevidade de pequenos textos em que podia descarregar suas reações de leitor, precisar sua reflexão sobre os temas que lhe eram caros e sobre as adesões que foram as de toda a sua vida: "tornar-se capaz de morrer" era agora sua preocupação.

A partir de setembro, cresce a certeza íntima de se aproximar da morte. "As pessoas me veem melhor do que me sinto" era então uma reflexão frequente em sua boca, e: "Eu sei o que está acontecendo comigo: estou desaparecendo..."; e alguns dias antes de morrer: "Entrei no tempo único..." Esse período foi difícil para ele: à humilhação de se ver debilitado, dependente, "sofrendo" e não mais "agindo", cada vez mais dominado pelo sono e por um cansaço extremo, se somava a angústia, que ele tentava designar sem rodeios: "Claro, há a angústia do nada..." Guardo a lembrança de uma luta dolorosamente negociada com ele mesmo: atravessando a prostração, o medo às vezes e, apesar de todos os nossos cuidados, principalmente de noite, o sentimento de solidão de quem vai embora, mas repetindo sempre depois da tormenta sua vontade de "honrar a vida" até a morte. Um bilhete enviado algumas semanas antes de morrer a uma amiga pouco menos idosa que ele, também no crepúsculo da vida[3], me parece conter alguma coisa dessa tensão que o habitava então, se atentarmos para as rupturas criadas pela pontuação:

> Querida Marie
> É na hora do declínio que a
> palavra ressurreição se eleva. Para lá dos
> episódios milagrosos. Do fundo da vida,
> surge uma força, que diz que o ser é
> ser contra a morte.
> Creia-o comigo.
> Seu amigo.
> Paul R.

O primeiro dos fragmentos que acompanharam esse derradeiro ano data de junho de 2004; está escrito quase na margem dos outros: "Tempo da obra, tempo da vida". Depois, em fins de junho, o Fragmento I.: "Um acaso transformado em destino por uma opção contínua", a que sucederam dois fragmentos: Fragmento 0(1): "Não sou um filósofo cristão...", e Fragmento 0(2): "Quero **[dizer]** sem mais demora...", seguidos de "A controvérsia". No correr dos meses de julho-agosto-setembro, escreve "A 'Saga' bíblica", "Depois da leitura de Philonenko: *O 'Pai*

3. Marie Geoffroy, falecida em setembro de 2006, tinha sido aluna de Ricoeur em Saint-Brieuc em 1933. Antes de morrer, ela nos concedeu a autorização de reproduzir este bilhete.

Nosso'", "Jacques Derrida". O último fragmento, "Ressurreição – Níveis de sentido", foi traçado como um esboço (trata-se mais de um quadro do que de um texto, e a escrita de Paul Ricoeur, ilegível em algumas partes, estava então consideravelmente alterada) por volta da Páscoa de 2005.

Algumas palavras rabiscadas no verso de uma folha no momento de começar a redação dos fragmentos podem justificar a escolha que fizemos de publicá-los: "Tempo da escrita separado pela morte do tempo da publicação → 'póstuma'".

CATHERINE GOLDENSTEIN